JN160054

ハイブリッドな文化

東北大学大学院文学研究科
講演・出版企画委員会
編

Hybrid Culture

Lecture Series in Humanities and Social Sciences X

Lecture and Publication Planning Committee
in Graduate School of Arts and Letters at Tohoku University
Tohoku University Press, Sendai
ISBN 978-4-86163-322-5

口絵１　蟹王山智福院
蟹を祀り、蟹供養などを行うほか「カニは石をかき集めることから、商売繁盛、お金にご縁がある」とも言われている。

口絵２　供養絵額（西来院・遠野市）
幕末から大正時代にかけて奉納された「供養絵額」とよばれる 30 枚ほどの絵が伝えられている。

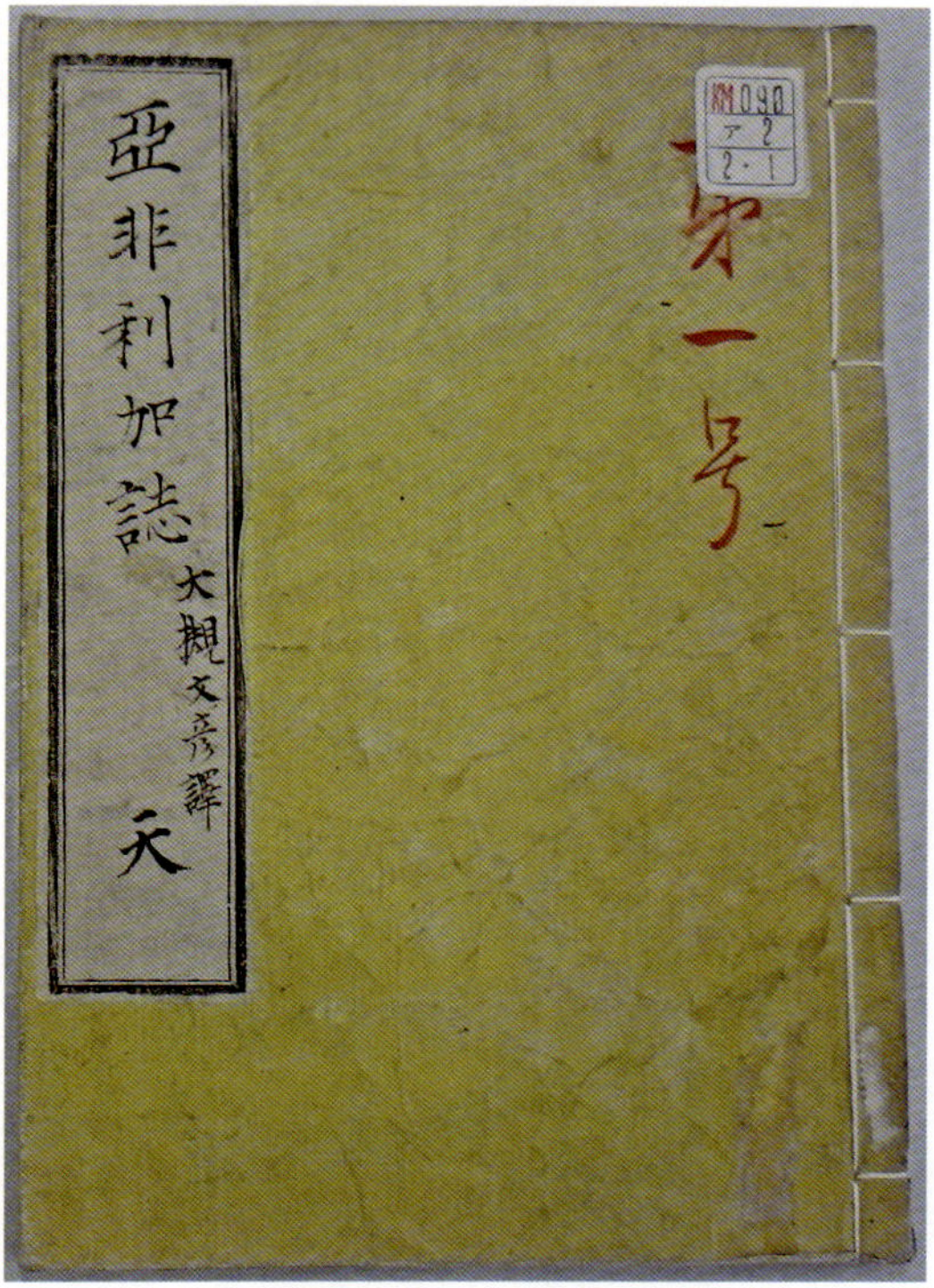

口絵３　『亜非利加誌』（宮城県図書館蔵）
宮城師範学校校長時代の大槻の訳業である『亜非利加誌』。宮城師範学校の印が押されている。

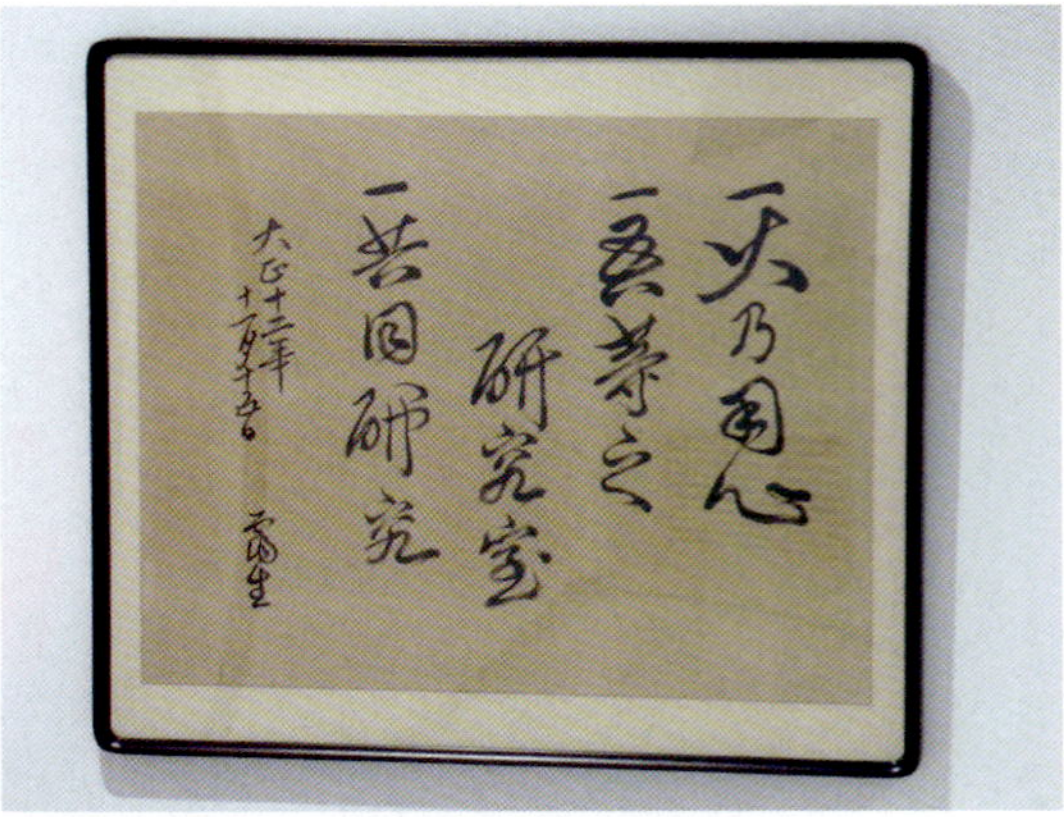

口絵４　千葉胤成揮毫の「法三章」
「火の用心」「吾等之研究室」「共同研究」は心理学教室の掟として守られている。

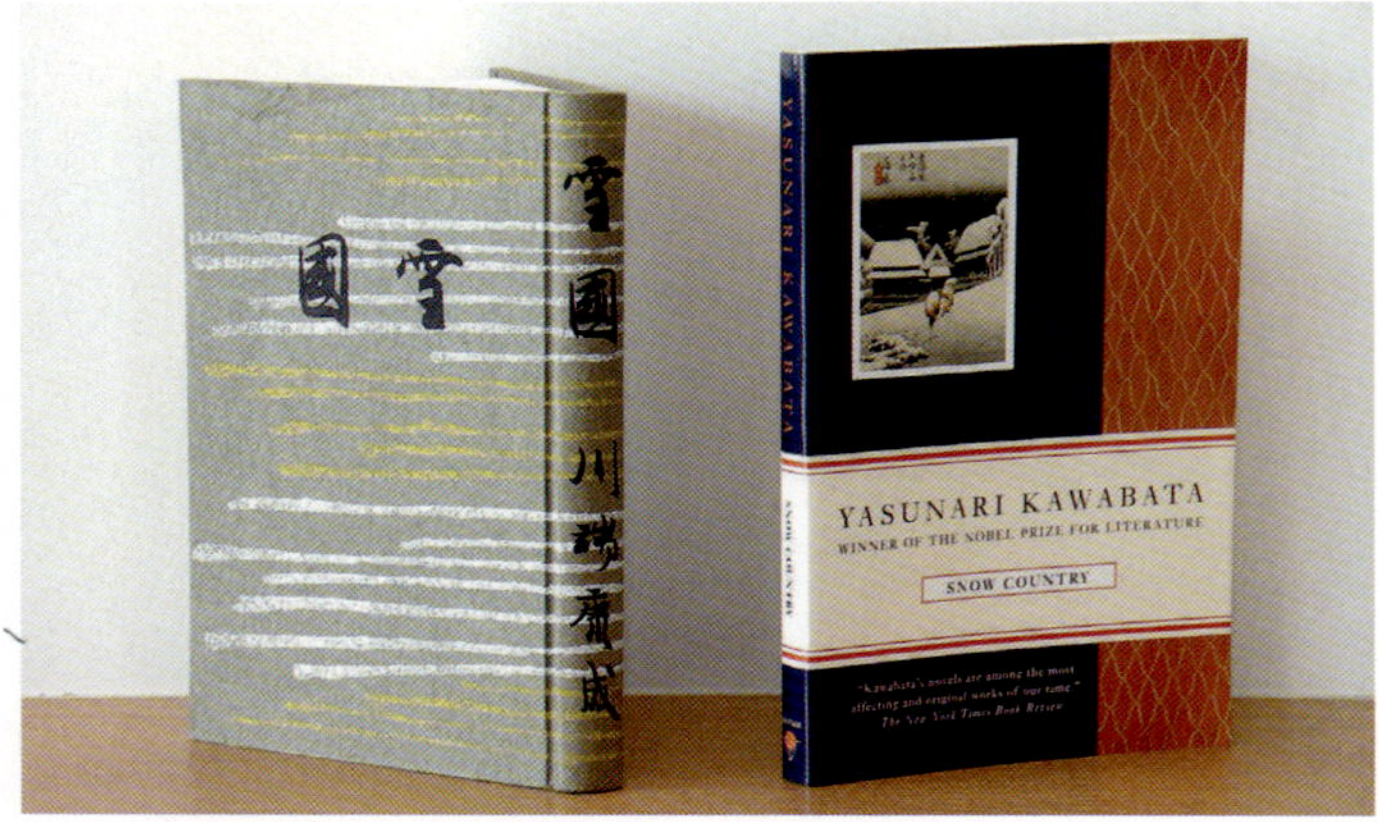

口絵５　『雪國』と Snow Country
前者は 1937 年初版創元社刊（芹沢銈介装幀、近代文学館復刻版）、後者は 1996 年 Vintage Books edition（Seidensticker 訳、英語版初版は 1956 年刊）。

目次

東北大学大学院文学研究科
講演・出版企画委員会

浅岡善治（代表）
嶋崎啓
齋藤智寛
城戸淳
鹿又喜隆

企画協力

高橋章則

はじめに

『人文社会科学講演シリーズ』は、東北大学大学院文学研究科の教員による研究成果を広く一般読者の皆様に知っていただくことを目的に二〇〇六年から刊行が始まり、本書で第十冊目となります。本書に収録された各論考は、二〇一七年度の市民公開講座のうち第十六期有備館講座・第十期齋理蔵の講座の共通テーマ「ハイブリッドな文化」で行われた講演を基にして執筆・編集されたものです。

車でおなじみのハイブリッドですが、本来は「異なる要素の混淆」や「雑種」を意味する言葉です。ハイブリッドは生物や機械だけでなく人間の文化にも存在します。本書では、宗教学・日本思想史学・言語学・心理学・社会学それぞれの専門家の観点から、私たちの文化に潜んでいる様々なハイブリッドが考察されます。

本書の構成を述べておきましょう。時間の流れに従って、古代世界から中世・近代を通って現代日本まで、主に日本文化のハイブリッド性をテーマに五つの章が続きます。第1章は神話学入門です。「蟹の恩返し」の昔話から東南アジアの神話、さらに『旧約聖書』のノアの洪水の伝承まで、神話物語の混淆が興味深くたどられます。第2章は仏教思想の日本的転回です。死者と死後の世界に対する観念が大きく変容していく様子が、死者供養の図像分析から説き起こされ、「仏のいない浄土」という近代日本独特の逆説が展望されます。第3章は和洋に通じたハイブリッドな学者の評伝です。江戸時代末期から昭和初年までの激動期を生き、日本最初の近代的国語辞典『言海』を編纂した国語学者・大槻文彦が実は英語に通じた洋学者でもあったという意外な人物伝が活写されます。第4章は、生理学と哲学のハイブリッド、心理学の誕生をめぐるお話です。東北大学心理学研究室に伝わる謎が明らかにされる前半部から、化粧の心理学に関する古代ギリシャ哲学的考察が展開される後半部まで、一気に読ませます。そして、第5章では、雑種と言われる日本社会の隠れたコード(基準やルール)について、郵便番号の秘密から日本語の構造まで、辛口の批判が展開されます。

世界の神話から日本の仏教思想の世俗化を通って近代日本の大学者の肖像を追い、学問の黎明と研究室草創期の人間模様を眺め、「忖度」が責任の所在を曖昧にしてしまう現代日本社会の批判に至る、文学研究科教員五名の案内による知の旅が、読者の皆様方の探求のヒントとなりますことを心より願っております。

二〇一八年七月

編　者

洪水神話・伝承にみられる異文化混淆

山田仁史

1　洪水神話・伝承にみられる異文化混淆

山田仁史

はじめに――神話とは

本題に入る前に、まず神話とは何か、といったことから始めましょう。拙著『新・神話学入門』（山田 二〇一七）でも説明したとおり、そもそも漢字で「神話」と書くと「神の話」のように感じてしまいますが、必ずしもそうではありません。というのも、「神話」というのは明治時代の日本において翻訳語として作られた語だからです。もとになったのは英語の myth, ドイツ語の Mythos, フランス語の mythe といった語で、すべてギリシャ語の μῦθος にさかのぼります。

この「神話」という語を学術的な意味で用いる場合、「伝説」や「昔話」とは区別するのが一般的です。まず神話とは遠い昔の話であり、世界・宇宙や人類やさまざまな物の起源について語る、神聖な物語です。伝説は歴史的な事実として語られる場合が多く、人名や地名とふかく結びついています。対して昔話は虚構であり、時間や場所もさほど特定されず、娯楽として親しまれてきた場合が多いのです。

とは言っても、これら三つのジャンルの物語はしばしば区別をつけにくいこともあるし、ジャンルを越えて共通するモチーフも多くあります。ここであつかう洪水の伝承もその一つなので、神話・伝説・昔話といった区分にあまりこだわらず、関連する言い伝えをひろく採り上げてゆくことにします。

一　蟹と蛇の闘争――東北日本と東南アジア

「日本全国民話・語り下ろし妖怪通信」というサイト（藤井和子氏運営）には、宮城県の鳴子で二〇〇六年、藤井氏自身が明治四二年（一九〇九）生まれの女性から聞いた話「蟹こに助けられた、ばっこねえちゃん」（蟹の恩返し）が出ています。こんな話です。


昔、あるところサ、きれいな娘がいた。自分の家の前に、川っコあって、毎日、米をとぐんだと。その時、蟹っこが集まって来るんだと。いい娘で、蟹に米を食（か）せたんだと。やがて、毎晩のように、どこからかいい男が、娘の所に通ってくるようになった。まず母親が気がついて、娘にたずねた。

「おめえの所サ、しょっちゅう男が通って来るようだが、何たら男だや？」（あんたの所に、毎晩のように男が通って来るが、どういう人だ？）

「いい男なんだ」

「おめえ、好きなのか？」

「うん」

「ふうん、それで何たら着物、着て来る？」（どんな着物を着ている？）

「縦縞の着物、着ているんだ」

　母親は何ともいえない不審感に襲われた。娘に、太い針に麻糸を通して、男の着物に刺してみよ、と言った。

　翌朝、娘は、糸を辿ってずっとずっと歩いて行った。山に行くと、穴の中から、う〜ん、う〜んとうなる声が聞こえてきた。そこには、大きなヘビがいたから、娘はびっくり仰天。針はヘビには、毒だったたんだな。（と、婆ちゃん。）

　娘は叫んだ。

「おれどこ（私を）今までよくも騙したな。罰なんだから早く、くたばってしまえ」

そいつは、にくにくしげに言った。

「おればり死んでらんないから、おまえも連れてかなくちゃなんねえ」（おれ一人で死ぬの嫌だ。おまえも道連れにするぞ）

それを耳にすると、娘はぶっ倒れそうになり、とにかく逃げようと思った。そいつは、すぐに正体を現して、とぐろを巻いた。娘をどんどん追いかけてきた。

川まで来て、もう少しで追いつかれそうになったとき、いつも米を食わせていた蟹が、川一面に出てきた。はさみを振り挙げると、ヘビをパチパチ、パチパチと挟み切った。

蟹はヘビを殺したので、娘は助かったという話だ。

話者の人柄や語り口がとてもよく活かされた、すばらしい記録だと思います。実はこれに似た話として有名なものは宮城県内ですと、名取市から知られています。大正元年（一九一二）生まれの女性が、昭和六〇―六二年度（一九八五―八七）の調査で語った話で、「蟹の恩返し」と題されている次のようなものです。これもストーリーテリングの現場を彷彿させる、暖かみのある記録です。

三百年くらい前の笠島の内手っていう所でのお話よ。

庄屋さんのうちでめし炊きしていた一人の姉っこがいたんだって。

その姉っこ、毎日川さ米とぎに行くと、川に米をちょちょとまいたんだと。川ん中には小さな蟹がすんでいてね、その蟹に食べさせったんだって。蟹は米食ってんだから、ぐんぐん大きくなったってね。

ある時の田植えの時、姉っこはお昼の用意をして、べんとう背負《しょ》って田んぼへとどけに出かけたんだって。

てくてく歩いていくと一人の侍に会ったと。

「姉っこ、どこまで行くの」

って声かけっから、

「田植えのべんとう持っていくんだよ」

ってこたえたら、

「ちょっとお話があっから、帰りもここ通っか」

って聞くんだと。姉っこが、はい、とへんじをすると、

「そんじゃ、雨もふってねし、そのすげ笠貸してってけんか」

って言うんだと。そういうわけで、すげ笠を侍に貸してやって、自分は田植えのとこさ行ったと。

お昼、みんなにごちそうして、少し手伝って、三時ごろ帰ってきたんだと。さっきのとこに来てみれば、笠ばりあって人はいなかったんだって。あたりを見まわしても誰もいないんだって。

「なーんだ、あのお侍さん、どうしたんだべな」

と思いながら、笠をぽっととったら、おっきい蛇、とぐろをまいて寝ったんだって。黒と茶のもようがにぶく光った大蛇でね。

突然、その蛇が赤いまなぐ《（目）》、カッと開いたから、姉っこ、びっくりして、弁当ばこカタカタさせながらうんと駆けたと。

うんと駆けて、智福院のお寺に入って、和尚さんに助けを求めたんだって。和尚さんは、押し入れなんかじゃだめだからって、唐櫃《からど》さ入れてくれたと。

したっけ、蛇、おこってしゃわ、おっかけてきたと。その姿があんまり大きいもんで和尚さんもびっくりしてね、思わずしゃった《（退さった）》んだと。蛇は唐櫃をぐるぐるまきはじめてね。ぎっちりまかったから、中にいる姉っこはもうどうしようもないんだって。

そしたら、毎日米食べさせられった蟹が上がってきて、はさみで大蛇の体を切りはじめたんだって。

ずたずたに切らって蛇が死んだころ、その蟹も力つきて死んだんだって。

その蟹を智福院で祀ってね、そのお寺を蟹王山《かにおうざん》智福院とつけたんだって。

もとは小さなところにお宮があったんだけど、今は平らなとこさ持ってきて祀ってんの（小野編一九八八：九〇―九二）。

実際に、この蟹王山智福院では今も蟹を祀り、蟹供養などを行うほか「カニは石をかき集めることから、商売繁盛、お金にご縁がある」とも言われているようです【図1】。さらに比較的古い資料

【図1】蟹王山智福院（山田撮影）（口絵1）

では、大正一四年（一九二五）刊の『名取郡誌』に「義蟹」として次のように見えています。

愛島《めでしま》村笠島、笠島山智福山《ママ》の近くに農家があつた。召使の少女米を洗ふごとにその池に棲める蟹に少しつゝ米粒を与ふるのがつねであつた。蟹はこれに馴れて時刻になれば必ず水際に現はれ少女の来るを待つ。或日この少女昼餉を田草取りの人々に送り届けやうとて田圃道を行き葉舞場橋にさしかゝつた。何処から降り来つたか一人の美少年少女の前に立ちふさがり行手を遮るのである。かゝることには全くうぶの少女は被れる笠をとられたまゝ目的のところに急いた。やがて同じ道を帰り来つたに先きの笠が道のほとりに捨てられてある。何心なくこれを手に取つた。然るに恐ろしや大なる蛇がうちにとぐろ巻いてゐたのであつた。息をきらし後をも見ず走つたが執根深いこの大蛇は後から追ひ蒐《か》け来るらしい。最早追付かれさうた。智福院の客殿に逃げむ。経櫃の内に身を匿す。然るにいつこよりともなく数十匹の蟹あらはれ出て、其の蛇をずた〳〵にはさみ切つた。為めに少女は僅に危難を脱れた。今其の池を萩の倉池といふ。これさきの蟹の報恩であること明かであると、これも語り伝へてある（名取教育会　一九二五：七〇九―七一〇）。

なお美術史家・郷土史家の大林昭雄氏によれば、名取の蟹王山智福院については宝暦二年（一七五二）の日付をもつ「笠嶋弁才天女縁起」が残されており、すでに当該の物語が記されています（大林昭雄　一九九八：二三―二七）。

さてこのタイプの話は、関敬吾『日本昔話大成』では一〇四B「蟹報恩」（関　一九七八：一一九―一二五）、稲田浩二『日本昔話通観』では二〇五G「蛇婿入り――蟹報恩型」（稲田　一九八八：三二六―三二七、六七六）という番号を与えられ、一般的な型としては「娘が沢などでカニに食物を与えて飼っており、あるいはまた、殺されそうになっているカニを助けて、娘が蛇のために殺されそうなのをそのカニが鋏で切り殺して助ける」というものです。採集例がそれほど多いわけではありませんが全国的に一様に分布しており、関東、中部、近畿地方に比較的多くみられます（松本　一九七七）。

【図2】京都府の蟹満寺（角南聡一郎氏撮影）

そして類話は、古くは『日本霊異記』、『今昔物語集』、『沙石集』、『元亨釈書』などに載せられ、説法の場で大いに語られたと考えられる他、謡曲「蟹満寺《かいまんじ》」などを通じて広まったようです（松本 一九七七、稲田編 一九九八：二〇九―二一二）。

西日本では京都府木津川市の蟹満寺《かにまんじ》の由来譚となっている所が多いのですが【図2】、東北でも今の名取の蟹王山智福院や、秋田県にかほ市の、もとは蟹多寺と称したともいう蚶満寺《かんまんじ》（野村編 一九八五：二七〇―二七一）など、所々にちなんでこの伝承があります（大林昭雄 一九九八：五八―七一も参照）。

ところで対決する動物には様々なバリエーションがあり、必ずしも蟹と蛇ではありません。たとえば蟹と鰻（丸森町蟹渕、蔵王山三階滝、石巻市雄勝町《おがつちょう》)、亀と鰻(大崎市蕪栗沼《かぶくり》、同市江合川・鳴瀬川)、蜘蛛と鰻(仙台市広瀬川)、といった具合です(野村編 一九八五:二六四―二六九)。

ここまで挙げてきた昔話では、動物同士の闘争は自然災害とは結びつかず、単に報恩の心に発する無私の行為とされています。しかし私の見るところ、これら昔話の背景には、洪水や地震のような、もっと宇宙的次元をも含むようなより古い神話的な語りがあり、それが変形したのではないでしょうか。この関連で興味深いのは、山形県最上郡最上町《まち》の小国盆地にかかわるものです。この地域について『山形県伝説集 総合編』では、

小国郷は太古時代には四周山岳に取囲まれた沼であったが、どこからか大蛇と大蟹が現われ大蟹が大蛇の尾を鋏み切った。そこで大蛇が怒って大争闘となり黒雲は空を覆い狂瀾は逆巻き天地晦冥大震動を起したので遂に瀬見峡谷が崩壊し湖水が奔流して小国川となり、遂に湖底が干上ってこゝに一大盆地が形成されたと言われている。この時の大蛇と大蟹とが争った地点が今の戦沢《いくさざわ》(鵜杉西方一粁《キロメートル》)で、切られた尾の漂着したのが長尾(旧舟形村)であると言う。後に大蛇は月楯の弁才天に又大蟹は蟹股観音として祀られたと言う(山形県立山形東高等学校郷土研究部編 一九六〇:一三三)

と述べ、『新庄最上地方伝説集』にも同様の伝承が載っていますが、異伝によると蟹と蛇ではなく亀と蛇、とする話もあるようです(野村編 一九八二:一七―一八も参照)。すなわち「小国盆地の創世」には次のように二つの言い伝えが語られています。


大むかし、最上町の地方は、四方みな山で囲まれた一大湖水であったそうである。

この湖には、途方もなく大きな亀が棲んでおり、湖の主だといばっていた。一方、権現山には、いつごろ住み着いたかわからないほどの年を経た、巨大な大蛇がすんでおり、このあたりの主は自分だと唱えていた。

ある日、この二匹が、湖の北はずれでばったり出会い、たちまち湖の主は俺だと口論をはじめた。くちでは、なか〳〵ケリがつかないので、二匹は力ずくで雌雄を決することゝした。勝った方が湖の主になる約束である。

二匹の決闘は、湖の中ではじまった。死闘は七日七晩、ぶっとおしで行なわれた。湖水は渦まき、逆巻く怒涛となって、天地をゆるがした。しかし、次第に力尽き大亀は、西はずれの山に大穴をあけて逃げ出した。大亀は湖の水は、もともと俺のものだからといって、山を掘割って、水を全部落してしまった。その場所は、いまの瀬見あたりであるという。また近くの山を亀割山というのは、このためであると伝えている。

やがて、湖の水がひいて、その後に一大盆地が現れてきた。いまの小国盆地は、このようにして出来上ったという。

また、次のようにも伝えている。

むかし、この湖に、三つの頭をもつ、たとえようもないほど、大きな大蛇が棲んでいた。あるとき、大蛇は雲を呼び、風をおこして、竜巻きをつくり、これに乗じて天に昇ろうとした。すると、その時、ふいに湖の底から大きな蟹が現われてきて、大蛇の尾をはさんだ。たちまち、二匹のすさまじい戦いが始まった。

このため、天地が揺らぎ、ついに西山の端が崩れ、湖水が流れ出し、後の小国盆地が形造られたという。大蟹が山を割ったというので、むかしは蟹割山とよんだがいつとはなしに亀割山になってしまった。

後に大蛇は弁財天に、大蟹は蟹ノ股観音に祀られるようになったという。

この大蛇と大蟹の争ったところをタタカイ沢といゝ、後にこゝに落ちていた大蛇のウロコを集めて作ったのが、いまのタタカイ沢観音様であるという。

また、大蟹のハサミで断ち切られた大蛇は、三つにわかれ、頭は野頭に、胴は仲神に流れつき、尾は遠くまで押流されて、いまの長尾に引っかかったという。

それ〴〵の地名は、このことに由来していると伝えられている（大友 一九六九：一四―一五）。

山形県にはこの手の伝説が多く、村山地方からも知られています。つまり山形市村木沢にある蛇の峯の由来譚がそれです。

村木沢地内にあって、大昔村山平野（山形（村山）盆地）が湖沼に《ママ》であった時代、湖に蛇が棲息していたが、慈角《ママ》大師の碁（基カ）点開鑿の為湖が涸渇して棲む事が出来なくなったので、畑谷大沼を我がものにしようと思ってその沼の主の大亀と戦ったが遂に敗れて大蛇は死に、その死骸は山となって現在蛇の峯と呼ばれるようになったと言う（山形県立山形東高等学校郷土研究部編 一九六〇：一一九）。

ここで面白いのは、蟹と蛇が戦うことで地震や洪水が起きたと語られていることです。似たような話は、琉球から台湾、東南アジアにかけて知られているのです（山田 二〇〇五：六七―六九）。

まず八重山諸島の地震の原因については、岩崎卓爾（一八六九生～一九三七没）が短いけれども貴重な記録を残しています。ちなみに岩崎は仙台藩士の子として仙台に生まれ、石垣島に渡って気象観測にたずさわる一方、生物や民俗・歴史などに関して多方面の研究を行なった人物です。昭和一一年（一九三六）に発表されたその報告によると、

地獄の底に大蟹と大鰻が潜み棲む。悪癖ある蟹は大鉗《はさみ》を振つて鰻を奇襲し尾をはさむ。鰻痛さに堪へ兼ね、尾をふり動かすとき地が震ふと云ふ。……地震のときは、ケヨフツカ〱と唱へ、桑樹の下に避く（岩崎 一九七四）。

ここで「地獄」と訳されているのは、現地の言葉では「ニーラ」で、岩崎は「地下深イ処」と注釈しています。琉球の伝統的世界観で、異界を広くさす語です。また地震のとき「経塚、経塚」と唱えて桑の樹の下に逃れるというのも、興味深いことです。これは雷除けのまじないともよく似ているのです。

次に台湾原住民ツォウ族ナマカバン社の伝承では、鰻が起こした洪水を蟹が止めることになっています。昭和六年（一九三一）に行われた台北帝国大学言語学研究室の調査に、当時四〇歳の現地人男性が語った話です。

怪鰻が横向になつたため、此土地が海になつた。もし巨蟹が居なければ、地は水ですつかり

被はれるだらう。(水が) 充満し始めた。充満しないうちに巨蟹が新高山に来た。我々は (彼を) 雇つて其を抓らせよう。(水は) も少しで新高山 (頂) につかうとしてゐる。若し上まで来れば、生物はみんな死ぬでせう。(水は最高処まで) やつて来ないから最も高い処へ避難する。怪鰻は (新高山と) 同じ高さなんですよ! (巨蟹は) 怪鰻の臍を試みに抓つて見ると、オヤ少し動いてゐる! (巨蟹は) 洞穴になつた岩棚を探す。今度本当に抓る時に、逃げ込む場所を考へよう。強く抓られると (怪鰻は) 体を廻す。そして水が (彼の体の中に) 流れ込む。彼の背は山そつくりで、檜林や素的に広大な丘陵もある。此の世界の水が一緒になつて (彼の中に流入する) 位だから何故に洪水にならないか。(彼に) 飲まれるからいつも氾濫しない (小川/浅井 一九三五：六七九—六八〇)。

分布はさらに南へ延びています。つまりフィリピンのルソン島イゴロット族によれば、大昔にエヨという鰻が水の流出口をふさいだため、地上は洪水になってしまった。そこで一匹の蟹がこの鰻をはさみ切り、水が引いた、といいます (Eugenio 1993 : 236)。

蟹と鰻ではなく、日本と同じく蟹と大蛇が地震を起こすと伝える例もあります。スマトラ島バタック族によれば、地下深くに大きい空間があり、そこに大蛇ニペと巨大な銀杏蟹ゴゴが棲んでいます。これらが動いたり口論したりすると大地は揺れ、火山は火を噴くのだというのです (von Brenner

1894：224)。

このように見てくると、山形県最上郡の小国盆地にかかわる伝説は、蟹と蛇・鰻の闘争を地震や洪水と結びつける、東南アジアまで連なる観念が残されたもの、と言えるのではないでしょうか。もちろん、このことをきちんと論じるためには、東アジアおよび日本国内にさらに事例がないか、探ってみる必要があります。

本格的な探究は今後の課題に残すとして、ここではさしあたり、現時点で気づいていることだけ述べておきましょう。ありがたいことに民俗学者の中山太郎が、いくつかの事例を集めてくれています（中山 一九七七：一六―一七）。たとえば博学の滝沢（曲亭）馬琴はその随筆『燕石雑志』巻之四で、日本昔話の先駆的な比較研究をおこないましたが、中に「猿蟹合戦」の考察も含まれています。そしてそこに、中国唐代の小説『広異記』から次の話が引かれているのです。前野直彬《なおあき》先生の高訳によると、

近ごろ、あるペルシア人がこんな話をしていた。

彼は船に乗って海上を天竺《てんじく》まで、もう六、七回も往復しているのだが、その最後の航海のとき、船が漂流を始め、大海へ出てしまった。そして何百里とも知らず流されて行くうち、一つの島に着いた。その島には草の葉を身にまとった異人がいる。みながおそろしがってたずねると、

その異人は答えた。

「むかし数十人の連れといっしょに難破して、手前だけが汐に流され、この島へ着くことができたのです。それで木の実や草の根を取って食べながら、なんとか命をつないで来ました」

こちらの人びとは気の毒がり、自分たちの船へのせてやった。すると異人は、この島にある大きな山は全体が宝の貝・瑪瑙《めのう》・玻璃《はり》などの宝物ばかりで、数えきれないほどたくさんあると言う。船の人たちは誰も彼も自分の持っている安物の商品を捨てて、その宝を運んで来た。それが船いっぱいになったところで、異人は早く船を出せ、山の神さまが帰って来たら、きっと宝を惜しがるだろうからと言う。

そこで追風に帆をあげ、二、三里も進んだころ、はるかに眺めれば、島の峰に赤いものが現われた。蛇の形をしていて、しだいに大きくなって来る。異人が、

「あれは山の神さまが宝を惜しがって追いかけて来るのだ。どうしたらよかろう」

と言うので、船の人々もみなぶるぶるふるえ出した。

そこへ突然、海の中から二つの山がつき出て来た。高さは数百丈もある。異人はそれを見ると喜んで、

「あの二つの山は大蟹の鋏です。この蟹はいつも山の神さまと喧嘩をしたがるのですが、たいていは神さまの方がかないませんので、たいそうこわがっています。この鋏が出て来れば、もう心

配はないでしょう」

やがて大蛇が蟹のところまで近づき、しばらくは組んずほぐれつ戦っていたが、蟹が蛇の首をはさんだので、蛇は水面に浮きあがって死んでしまった。その死体はまるで山脈のように見えた。

船の人たちはこのようにして助かったのである（前野訳 一九六四：五六―五七）。

日本からもいくつか類話が知られます。『淡海温故録』巻一によると、近江国甲賀郡土山村の蟹坂は、その昔蟹が多くいて大蛇を殺したので、こう呼ぶのだと言い、『日本伝説叢書』によると信濃国上水内郡信濃尻村大字野尻より、二里余りの地震《ない》の滝の主は、雌雄の大蟹とされていました。ところが野尻湖の主である大蛇が、十四の子を育てる時分に、大蟹もまた十四の子を生んで、その子を連れて野尻湖に行き、大蛇の子をことごとく自分の子に食わせてしまった。大蛇は死力を尽くして大蟹と闘ったが、毎時も敵することができなかった。それで野尻湖の大蛇の子は一匹も育たないが、地震の滝の大蟹の子は年々のように繁殖して、方々の谷々へ出て行くのだといいます。また同国下高井郡秋山の伝説として、蟹が蛇を殺したということが二つまで残されています（藤澤 一九一七：六五―六七、一四六―一四八）。

この他にも、越中国西砺波郡北蟹谷村大字五郎丸の蟹掛堂の由来や（『西砺波郡紀要』）、美作国久米郡久米村大字久米川南の蟹八幡宮の縁起なども（大正七年六月『岡山新報』）、この種の「蟹嚙《かにかみ》伝説」と関係しているようです（以上、中山 一九七七：一七）。なお中山は、蟹が現れると海の潮が退くといった観察がこうした伝説の背景にあるのでは、という興味深い指摘も行いました（中山 一九七七：二四）。一考に値するのではないでしょうか。

なお六月一四日に全国的におこなわれた民俗行事の虫送りでは、松明をさかんに燃やすのが常でした。それによって田圃の虫を追い払ったのです。これについて京都府亀岡町では、この時の松明をすてる場所を「鰻塚」と呼んでいたそうです。それは余部《あまぶれ》から少し東に離れた風《かざ》の口《くち》集落近くの畠中にあり、むかし丹波がまだ湖水であった時、大鰻が潜んでいた場所で、この鰻は時々人を食ったので、村人が協力して捕らえ、殺したのを埋めた塚だというのでした（垣田／坪井 一九二五：四七―四八、石上 一九六七：一五〇）。

こうしてみるなら、冒頭で紹介した鳴子の「蟹の恩返し」の話も、地震や洪水と結びつくような宇宙的な規模ではもはやないとはいえ、蟹と蛇の対立を語っており、遠くさかのぼれば、こうした災害の神話が基盤にあるのかもしれません。しかしそこには、他の神話や昔話の要素も「混淆」していますｍ。たとえば『古事記』に、第十代崇神天皇の時代のこととして、奈良県桜井市の大神神社に関する次のような話があります。イクタマヨリビメという容姿端正な姫がいた。ところが結婚もしていないのに妊娠したので、両親が心配して問いただす場面です。

尓して父母の、其の妊《はら》身める事を恠しび、其の女を問ひて曰く、「汝は自づから妊めり。夫无きに何の由にか妊身める」ととふ。答へて曰く、「麗美《うるは》しき壮夫《をとこ》有り、其の姓名《かばね》を知らず。夕毎《よひ》に到来たり供住《す》める間に、自づから懐妊みぬ」といふ。是を以ち其の父母、其の人を知らむと欲ひて、其の女に誨へて曰く、「赤土《はに》を以ち床の前に散らし、へその紡麻《うみを》を以ち針に貫《ぬ》き、其の衣《きぬ》の襴《すそ》に刺せ」といふ。故教への如くして、旦時《あした》に見れば、針に着けし麻は、戸の鉤穴より控《ひ》き通りて出で、ただ遺れる麻は、三勾《みわ》のみ。尓して鉤穴より出でし状《さま》を知りて、糸のまにまに尋ね行けば、美和山に至りて、神の社に留まりぬ。故其の神の子と知りぬ。故其の麻の三勾遺れるに因りて、其地《そこ》に名づけて美和と謂ふなり（中村訳注 二〇〇九：一一五―一一六）。

そしてまた同様に、知られざる来訪者の衣服に糸をつけて、それをたどって行って身元を知る形式の伝説・昔話は、日本本土・琉球・朝鮮半島・中国から広く知られてもいるのです（大林太良 一九九八）。

二　ノアの洪水とその混淆——キリスト教の周辺

さて、ここで一旦アジアを離れて西へ旅してみましょう。洪水神話と聞けば多くの人が思い出すに違いない、『旧約聖書』のノアの洪水の伝承に目を移すなら、どんな風景が広がってくるでしょうか。

ご存じのように、『旧約聖書』では最初の人間アダムとエバがエデンの園から追放された後、その子孫たちの間には次第に悪がはびこるようになりました。そして一〇代目の子孫ノアの時代に、神は大洪水を起こし、人間を滅ぼすことに決めます。とくに印象的なのは、ノアが息子たち、妻、息子の妻たちなどとともに箱船で洪水を逃れた後、鳥を放って水が引いたかどうか確かめる場面でしょう。つまり、

四十日が終って、ノアは自分が造った箱船の窓を開《あ》け、烏《からす》を放《はな》った。それは飛び立ちはしたが、地上から水が乾く前であったから、すぐに戻るのであった。ノアはまた、大地の面から水がなくなったかどうか見きわめようと、自分のもとから鳩を放った。鳩は、その足を休める場所が見あたらなかったので、箱船の彼のもとに戻って来た。水がまだ全地の面にあったからである。彼は手を差しのべて、鳩を捕らえ、箱船の自分のもとに迎え入れた。

その後《のち》、さらに七日待って、ふたたび彼は鳩を箱船から放った。夕方、鳩は彼のもとに戻っ

て来た。みると、オリーブの若葉をそのくちばしにくわえていた。そこでノアは、地上から水がなくなったことを知った。その後、さらに七日待って、鳩を放った。鳩はもはや彼のもとに戻っては来なかった（月本訳 一九九七：二四）。

ただしこの話が、世界最古の洪水神話というわけではありません。さらに遡る紀元前一二世紀頃成立とされるメソポタミアの『ギルガメシュ叙事詩』にも、これの原型の一つと見られる洪水神話が描かれており、鳥を放つ場面も出ています。かつて宮城学院女子大学の教授をつとめた、矢島文夫先生の訳で読んでみましょう。

七日目がやって来ると　私は鳩を解き放してやった　鳩は立ち去ったが、舞いもどって来た　休み場所が見あたらないので、帰ってきた　私は燕を解き放してやった　燕は立ち去ったが、舞いもどって来た　休み場所が見あたらないので、帰ってきた　私は大烏《おおがらす》を解き放してやった　大烏は立ち去り、水が引いたのを見て　ものを食べ、ぐるぐるまわり、カアカア鳴き、帰って来なかった（矢島訳 一九九八：一二五—一二六）。

さて、この鳥を放つシーンはとても印象的ですね。ノアの箱船の話は、キリスト教が世界中に布教される過程の中で広く伝わり、各地の神話や伝承に採り入れられました。そんな中にも、鳥を放つ場面が出てくる場合があります。そういう場合、ああこれは『旧約聖書』からの影響だな、と察しがつくことがあるのです。

たとえばシベリアの諸民族にも洪水神話がたくさん伝わっていますが（山田 二〇一五）、ロシアのクラスノヤルスク地方ミヌシンスク市で一八九〇年、アバカン＝タタール（サガイ・ハカス）人のもとで記録された神話は、次のようなものです。

むかし一人の老爺と老婆がいた。老爺は神（クダイ）と会話するのを常としていた。神は彼に言った、「今日から四〇日後に大洪水が始まる！　筏を造れ！　とりわけ動物や鳥、その他の生き物から何匹かを、その筏に乗せるのだ！」　老爺はそこで筏を造り始め、三四日間働いた。三四日目、その筏は風に破壊されてしまった。六日後には大洪水が始まる。かの老爺は、六日間で筏を造ろうと出かけた。

彼が出かけると、その妻の所へ悪魔（アイナ）がやって来た。妻と悪魔は意気投合した。悪魔はかの女に「酒を造れ」と言った。かの女はその言葉に従い、強い酒を造った。かの悪魔はまた言った、「さて、これから大洪水がやって来る！　お前の夫は今日、筏を完成させて帰って来る。奴が来たら、この酒を飲ませるのだ。そのうち大洪水が始まる。奴は全種類の生き物を筏に乗せるだろう。お前は、水が膝の高さに来るまで乗ってはだめだ。そしたら水が、下履きの上端の高さまで上がってくるだろう。それでも（筏に）乗ってはだめだ。次に水が胸の高さまで来る。そしたらお前の夫は、「乗れよ、この悪魔め！」とお前に言うだろう。こう言ったら、俺を呼んだということだ。そしたら二人揃って筏に乗るのだ！」　かの女は悪魔を、下に広げていた革敷きの下に寝せた。すると夫が帰って来た。彼女は夫に強い酒を飲ませた。すると老爺は「ふうー悪魔め、なんて甘い酒だ！　どうしてもっと早く出してくれなかった？」と言った。初め彼は長いこと抗い、その酒を飲もうとはしなかった。

それから彼は、大洪水が始まるのを見た。かの老爺は老婆を筏に呼んだ。すると奴らは一緒にやって来た。奴らが来た時、老爺はもう全員を筏に乗せていた。筏にいなかったのはマンモスとワシだけだった。かの老爺は筏の上に乗った。水は件の老婆の胸の所まで上って来ていた。それで老爺は妻に「乗れよ、この悪魔め！」と言った。かの女は（筏に）乗り、一緒に悪魔も乗った。かの老爺はワシとマンモスに「お前らも筏に乗れ」と言った。マンモスは「私は泳いでも大丈夫です」と答えた。そしてワシは「私は飛んでも大丈夫です」と答えた。

しばらく経って水が引く三日前、（今）いる鳥、いない鳥すべてが、翼が疲れてそれ以上は飛べなくなり、マンモスの上に止まった。マンモスは水中に没した。ワシとマンモスはどちらも水中に沈み、その魂を明け渡した。それからかの老爺はワタリガラスに、命の水を取りにやった。

ワタリガラスは飛んで行き、水を持たずに帰って来た。ワタリガラスは水を運んでいる時、それを松や茨や樅や杉といった木々の梢にかけてしまったのだ。そのためこれらの木の「葉」も、紅葉も落葉もしないのである（Radloff 1907：433–434）。

ここに出ているのは『旧約聖書』のノアの洪水神話を基本としながらも、悪魔によって箱船作りに邪魔が入るというロシア正教特有のモチーフがあったり、また最後に出ていった鳥たちは水が引いたのを確認するのではなく、生命の水を木々にかけることになっています。さらには、聖書の箱船を筏で置き換えているのは北アジア特有の現象です。このように、さまざまな要素の混淆がここにも起きているのです。

三　「石像の血」と被災体験——日本の事例から

以前に論じたように（山田 二〇〇七：五一—五三）、日本にもキリスト教が伝えられ、その後、江戸時代の切支丹禁制下で信仰を守り続けた潜伏キリシタンの中には、「天地始之事《はじまり》」と呼ばれる神話的伝承を持つグループがありました。これは長崎県西彼杵半島や五島列島、浦上などの限られた地域に伝えられ、記録されたものと見られます。現存する数種類の写本のうち、最も古いものは文政一〇年（一八二八）の年号が付されたもので、そこには原初の楽園時代と大洪水、そしてそれを生きのびる人々の姿が描かれています。

ちょうど『旧約聖書』の記述に沿う形で、最初の人間であるアダンとヱワの子孫が地上に増えたことがまず述べられます。彼らは神から与えられた食物をたくわえて、穀物を育て豊かになっていきました。ところが、その結果欲望が芽生えて、他人の食物を盗み取るようになりました。神はこのありさまを憎んで、世界を滅ぼすことにします。

その洪水の場面は、鳥を放つことが出てこない代わりに、以下のように一見不思議な描写となっています。

> 段々人多くなるにしたがい、みな、ぬすみならい、慾をはなれず、悪にかたぶく。次第に悪事つのるゆへ、でうす〔Deus 神〕これをあわれみたまいて、ぱつぱ＝丸じ〔Papa 法王、Martir 殉教者〕といふ帝王《たいおう》に御告ぞ有けり。「此寺の獅子駒の目、あかいろになるときは津浪にて、世は滅亡」との御告をかふむり、帝王は日ごとに寺ゑまいる。手習子どもあつまりみて、「いかゞにて獅子駒は拝るる哉」といゑば、脇方子どもきいて、「獅子の目あかいろになる時は、此世界は波にて滅亡する」。わきの子どもきいて、わらいていふやうは、「さても、おかしき事、ぬりたら、すぐに赤くなるが、滅亡はおもいもよらぬ」とぬりけり。

> ぱつぱ＝丸じ、いつものとうり参詣し、獅子の目あかきをみて、はつとおどろき、かねて用意の刳船に六人子共をのせ、兄壱人は足よわくゆへ、残念ながらのこしをく。かゝる所にあいだもなく、大波天地をおどろかし、片時《へんし》の間に、ただ一面の大海にぞなりけり。
> 右の獅子駒海の上をはしり、のりおくれたる壱人の兄、背《せな》におふてぞたすけける。其汐三時にさつとひき、ありおふ島にぞ、やすらい居る。然る所に、おくれし兄を、獅子のせおふてきたりけり。波におぼれて死ゝたる数万の人々、べんぼう〔Limbo 地獄〕といふ所、前界の地獄、此所におちける（田北校注 一九七〇：三八六―三八七）。

こうして生きのびた七人から、新たな世界が開始されることになるのです。ここに見える話は、実は東アジア各地に古くから知られる洪水伝承で、「石像の血」と呼ばれます。古くは中国の『捜神記』、日本では『今昔物語集』や『宇治拾遺物語』にも出ていて、九州からはたとえば柳田国男が五島列島につたわる「高麗島の伝説」を紹介しました。

> 昔高麗島には霊験のいたってあらたかな、一体の石の地蔵菩薩がおわしました。信心深い人々の夢枕に立って、わが顔が赤くなったらば大難の前兆と心得て、早速に遁れて命を全うせよという御告げがあった。邪慳の輩のみはかえってこれを嘲り、戯れに絵具をもって地蔵の御顔を塗っ

て、驚き慌てて遁げて行く者の魯《おろ》かさを見て笑いの種にしようとしたのであったが、前兆はなおまさしく、島は一朝に海の底に落ち沈んで、残った者の限りはことごとく死んでしまったというのである（柳田 一九八九：五三五）。

つまり潜伏キリシタンの『天地始之事』には、キリスト教がもたらした『旧約聖書』の神話と、東アジア土着の洪水伝承とが混じり合って一つの物語を構成しているのです。

こうした「石像の血」の話は、実際の被災体験と結びつくこともあったようです。たとえば静岡県湖西《こさい》市新居町今切《あらいまちいまぎり》についての伝承がその例です。次に掲げるのは昭和九年（一九三四）、静岡県女子師範学校の生徒による調査・収集によるものです。

今切という所に地蔵様を信仰している男の人があった。地蔵様が「おれの顔が赤くなったらそこらは泥の海になるから、それを合図に逃げよ」と言ったとみんなに話した。すると、青年達が面白がって地蔵様の顔を絵の具で塗った。この男の人が、その次にお参りに行くと、地蔵様が真っ赤な顔になっているので、さっそく立ち退いた。その後、間も無くその辺りは泥の海になってしまったという（静岡県女子師範学校郷土研究会編 一九九四 上：一五九―一六〇）。

この話を紹介した故・山本節氏によりますと、この今切地域は台風・地震・津波により何度も水没を経験してきた。よって「歴史的事実の記憶が人心に生き続けていたことが、伝承をこの地に定着させる原因となったのであろう」（山本 二〇一一下：一五二）と考えられています。

東北にも似た事例があります。宮城県多賀城市で砂金辰雄氏が語った「末の松山に絡む伝説」は、次のようなものです。

多賀城の盛栄を極めた頃よりもつと前の頃であらうか、下《しも》千軒、上《かみ》千軒とて随分と賑かに栄えた時があつた。（方八丁もその頃栄えた一囲だと云ふ。）その頃、その地に住む猩々が鏡が池の傍にある酒屋に毎夕酒飲みに来たものだ。酒屋には小佐治とて田舎に稀な綺麗な娘が居つた。小佐治はいつも鏡が池に姿をうつして化粧したと云ふ。猩々は小佐治に通ふのだつた。何時か此の事が村の若者達の知るところとなつて、遂には猩々を半殺にしてやらうと謀つた。或日例の如く酒飲みに来た猩々へ小佐治が斯んな陰謀がある事を告げた。猩々は小佐治の好意を感謝しつゝ、某月某日には必ず海濤《つなみ》があるから、そなたは末の松山へ避難する様に。もし万一私が若者等に折檻されたらあの池に入れて呉れとて別れた。待ち伏せしてゐた事とて若者等は猩々を酷い目に合せて遂に殺してしまつた。小佐治は言葉の通り之を池に沈めた。猩々が池と今も呼んでゐる。程経て其の日が来たので小佐治は疑ひながらも末の松山に登つて待つ間も無く大音響と共に大海・が押し寄せて来た。此の時下千軒、上千軒は皆流されてしまひ附近一帯は水災を被つた。只一人小佐治は末の松山に残つた。末の松山は波が越さなかつた。末の松山波こさじとは此の意を云ふのだと。此の海・は猩々が起したものと云つてゐる（宮城県教育会編　一九三一：二一〇―二一一）。

【図3】多賀城市の末の松山（山田撮影）

実際やや高台になっている末の松山までは、平成二三年（二〇一一）三月一一日の東日本大地震に起因する津波も及びませんでした【図3】。高台の下にある観光用駐車場などには、一五〇センチほどの高さまで津波が来たにもかかわらず、です。

次の事例は、岩手県洋野町《ひろのちょう》（旧大野村）から伝えられたものです。

天地開闢の頃、此の地には既に幾世帯かの者が住んでいたが或る夫と妻は、万代座《まんだいくら》に居ます神を常に崇拝し奉斉することを怠らなかった。或る日、此の夫妻に神のおつげが有った。それは近く大津波がおき、海水が川を逆流して大洪水となり、ついには低い山々は水底に没するであろう。此の大洪水に備えて、大きい俎を準備せよ、洪水おこらば此の俎に乗り水にただよえば命助かるべし、とのことであった。

そこで此の夫妻は神よりの予言を邑の人々に告げたが皆一笑にふしてかえりみる者は無かった。然しはたせかな大津波がおき、見るまに大洪水となり、人々は阿鼻叫喚のうちに或いは水に流され、或いはさかまく水底に没してしまった。然し神のおしえにしたがった敬虔な夫妻は俎に乗り水に浮かび、流れに押されて万代座に達し、神の加護に依って命が助かった。

その子孫が繁栄したのが村の先住民であること《ママ》のことである（大野村教育委員会 一九七八：一、倉石 一九九〇：二六九も参照）。

ただし実際にはこの地域は内陸部にあり、起こったとしたらそれは山津浪だったのかもしれません（大崎市の本田義幾氏からご教示を受けました）。

ところで、洪水ではなく地震についてですが、これまた実体験にもとづくのではないかと思われる伝承が、岩出山から知られています。すなわち大崎市岩出山の上野目《かみのめ》天王寺にある七曜森についての短い言い伝えです。それによると、上野目天王寺にあり、南方の平野を一眸に鐘〔鍾カ〕め眺望絶佳の仙境。此の処昔より地震へしことなし。今も強震あれば郷人難を爰に避く（玉造郡教育会　一九二九：五四五）

というのです。なお三崎一夫『陸前の伝説』では「七曜森」ではなく「七曜塚」としています（三崎一九七六：九九）。この辺りは地盤が固いのだろうかと思い、近辺で聞いて回ったりもしたのですが、「七曜森とか七曜塚なんていう地名は聞いたことがないねえ」という答えしか返ってこず、まったく手がかりは得られていません。

しかし面白いことに、同じように地震が起きないとされる場所は、他にも知られています。岩手県遠野出身の民俗学者・人類学者、伊能嘉矩《いのうかのり》（一八六七生〜一九二五没）が関東大震災の記憶も生々しい一九二四年に発表した論文によれば、「奥州地方の中に往々或る信仰の対象たる神祠、若くは塚、又は丘或は神聖視する一定の場所に向つて地震のせぬ処といふ一種の安全地帯としての伝承を存しつゝあり」。

そして猿ヶ石川流域にこうした伝説的史跡が多く残っているとして、彼は多数の事例を挙げました。その上で興味深い指摘をしています。すなわち「永久の神祠乃至臨時の祭壇等はすべて堅硬なる岩石より構成さるゝ地盤の上にトせられたといふことをも知り得られ、随つて此等の位置が自ら地震のせぬ安全地としての確認を与えられたる結果、古来激烈なる地震の際、其の地面の割裂、又は陥没あるに対し竹根錯雑の間を択び、或は戸板の類を地上に敷きて被害を防止する等の避難慣習と相伴ひ、勢ひ一旦地震の発作するに当り亦里民の避難場たる保障を為すに至つたのも併せて肯定せねばならぬ」（伊能一九九四：二六八）。

つまり古来、聖域として選択される場所は地盤の堅固なところが多いので、地震の際の避難場所としても役立ってきたのではないか、というわけです。こうした経験知にもとづく避難情報の現実的な伝達手段としての言い伝えは、地震についてだけではなく、落雷にかんしても存在しました。

たとえば和歌山県那賀郡山崎村の山崎神社境内には「雷松」というのがあり、「昔、この松に雷が落ちて社頭に置いた大太鼓の一面の皮を破った。当社の神さまが怒って、その太鼓をとって雷神を覆いかぶせた。雷神は謝して、もし我が命を許し給わば永久に大神のまします処には落ちないと誓ったので、神様は許された。それから雷はここには落ちなくなり、またこの社には雷除けの護符があると」とされます。

また静岡県安倍郡清沢村、相俣白髪神社の境内にある「雷石」については「数百年前、相俣部落に落雷があり、そのとき落ちた雷を見ていた老人伊八に向い、天に昇らんことを乞うた。伊八は再びこの地に落ちざることを約して立去らしめたが、その跡に大石が一つあることを発見し、これを雷石と称して祭るようになった」と語り伝えられています。

奈良県では生駒郡平城村秋篠の秋篠寺、および高市郡真菅村の春日神社にも同様の「雷石」が存在し（以上、柳田 一九七一：四一、一六〇―一六一）、河内国南河内郡古市村誉田の八幡様の井戸にも、昔、雷が落ちたそうですが、「大黒様が金の盥で蓋をすると、雷が閉口して、これから決して落ちぬから、赦して呉れ、と頼んだ。大黒様が赦してやつた。それで、この誉田には、昔から雷の落ちた例がない」と言われます（高木 二〇一〇：二〇三）。

地震と落雷の避難法にも共通点があります。それはどちらにおいても「経塚、経塚」あるいは「桑原、桑原」などと唱え、場合によっては桑の木のそばに逃げたことです。石田英一郎によると、この桑の木というのは養蚕とかかわる信仰ではないか、とも言われています（石田 二〇〇七）。

いずれにせよ、現代のように地震や落雷の原因が科学的に解明されていなかった時代、人々はこうした自然現象に非常な驚異を感じていたことでしょう。そして現実にも被害が大きかったからこそ、そこから逃れるための経験知と想像力とをこめ、実在する場所やモノと結びつける形で、語り継いできたのだろうと思われます。

おわりに――ハイブリッドの面白さ

本章では、冒頭で鳴子の昔話を挙げ、最後は岩出山へと再び戻って来るという構成にしてみました。その過程でさまざまな洪水にかかわる伝承を採り上げたわけですが、いかがだったでしょうか。

何となく聞いたことのある話でも、予想外の分布をもっていたり、思わぬ話と共通の要素が隠されていたり、深いところでは神話とつながっている可能性があったりします。そういうことを探っていくのが、神話や伝承を研究する醍醐味でしょう。

そうすると分かってくるのは、物語というのは複数の材料をもとにして、混ぜ合わせて作られたものが多い、ということです。人間というのは、そうすることで、より面白い話を作ろう、と自分でも知らないうちに努力してしまうものなのかもしれません。我々がふだん当たり前と思っている周囲の文化にも、やはり様々な要素を組み合わせることで、つまりハイブリッドとして作られているものが、意外に多いのです。そんなことにも思いをめぐらしていただければと思います。

そしてまた、特にこうした洪水のような伝承にあっては、被災の体験を語り継いでゆくという役割も担ってきたことが十分に考えられます。そうしたメッセージを、東日本大震災後の我々もまた受け止めてゆくことが大切でしょう。

引用文献

・von Brenner, Joachim Freiherr (1894) *Besuch bei den Kannibalen Sumatras. Erste Durchquerung der unabhängigen Batak-Lande.* Würzburg : Verlag von Leo Woerl.

・Eugenio, Damiana L. (1993) *Philippine Folk Literature : The Myths*. (Philippine Folk Literature Series; Vol. II). Diliman, Quezon City : University of the Philippines Press.
・藤澤衛彦（一九一七）『信濃の巻』（日本伝説叢書）東京：日本伝説叢書刊行会。
・稲田浩二（一九八八）『昔話タイプ・インデックス』（日本昔話通観 第二八巻）京都：同朋舎。
・稲田浩二（編）（一九九八）『日本昔話と古典』（日本昔話通観 研究篇二）京都：同朋舎。
・伊能嘉矩（一九九四［一九二四］）「猿ヶ石川流域に於ける不地震地」『遠野の民俗と歴史――伊能嘉矩集』（日本民俗文化資料集成 一五）：二六三―二七四、東京：三一書房。
・石田英一郎（二〇〇七［一九四七］）「桑原考――養蚕をめぐる文化伝播史の一節」『新訂版 桃太郎の母』（講談社学術文庫一八三八）：七七―一一九、東京：講談社。
・石上堅（一九六七）『火の伝説』東京：宝文館出版。
・岩崎卓爾（一九七四［一九三六］）「ナヰ（地震）の話」『岩崎卓爾一巻全集』：一五三、東京：伝統と現代社。
・垣田五百次／坪井忠彦（一九二五）『口丹波口碑集』（炉辺叢書）東京：郷土研究社。
・倉石忠彦（一九九〇）『道祖神信仰論』東京：名著出版。
・前野直彬（訳）（一九六四）『唐代伝奇集』二（東洋文庫一六）東京：平凡社。
・松本孝三（一九七七）「蟹報恩」稲田浩二／大島建彦／川端豊彦／福田晃／三原幸久（編）『日本昔話事

典』：二二六、東京：弘文堂。
・三崎一夫（一九七六）『陸前の伝説』東京：第一法規。
・宮城県教育会（編）（一九三一）『郷土の伝承』第一輯、仙台：宮城県教育会。
・中村啓信（訳注）（二〇〇九）『新版 古事記』（角川ソフィア文庫）東京：角川学芸出版。
・中山太郎（一九七七）「蟹守土俗考」『風俗篇』（日本民俗学 二）：一―三二、東京：大和書房。
・名取教育会（一九二五）『名取郡誌』宮城県名取郡長町：名取教育会。
・野村純一（編）（一九八二）『南奥羽・越後――山形・福島・新潟』（日本伝説大系 第三巻）東京：みずうみ書房。
・――（一九八五）『中奥羽――岩手・秋田・宮城』（日本伝説大系第二巻）東京：みずうみ書房。
・大林昭雄（一九九八）『蟹王山縁起考』（大林昭雄著作集 第二〇巻）仙台：ギャラリー大林。
・大林太良（一九九八）「中国の苧環型説話」『大美和』九四：二―八。
・小川尚義／浅井恵倫（一九三五）『原語による台湾高砂族伝説集』東京：刀江書院。
・小野和子（編）（一九八八）『宮城県の民話――民話伝承調査報告書』（宮城県文化財調査報告書 第一三〇集）仙台：宮城県教育委員会。
・大野村教育委員会（一九七八）『大野の風土記』岩手県大野村：大野村教育委員会。
・大友義助（一九六九）『新庄最上地方伝説集』山形県新庄市：新庄市役所商工課。

・Radloff, Wilhelm (1907) *Proben der Volksliteratur der türkischen Stämme*, Bd. 9. St. Petersburg.
・関敬吾（一九七八）『本格昔話』一（日本昔話大成 二）東京：角川書店。
・静岡県女子師範学校郷土研究会（編）（一九九四［一九三四］）『新版 静岡伝説昔話集』上下（静岡県の伝説シリーズ 一・二）高橋和生（さし絵）静岡：羽衣出版。
・高木敏雄（二〇一〇［一九一三］）『日本伝説集』（ちくま学芸文庫）東京：筑摩書房。
・田北耕也（校注）（一九七〇）「天地始之事」『キリシタン書 排耶書』（日本思想大系 二五）：三八一―四〇九、五〇六―五一二、六三一―六三四、東京：岩波書店。
・玉造郡教育会（一九二九）『玉造郡誌』宮城県岩出山町：玉造郡教育会。
・月本昭男（訳）（一九九七）『創世記』（旧約聖書 一）東京：岩波書店。
・矢島文夫（訳）（一九九八）『ギルガメシュ叙事詩』（ちくま学芸文庫）東京：筑摩書房。
・山田仁史（二〇〇五）「台湾原住民の地震についての諸観念」『南島史学』六五―六六：六一―七二。
・――（二〇〇七）「神話から見たヒトの起源と終末」野家啓一（編）『ヒトと人のあいだ』（シリーズヒトの科学 六）：三五―六二、東京：岩波書店。
・――（二〇一五）「北方諸民族のフォークロアにみる水観念」檜山哲哉／藤原潤子（編）『シベリア――温暖化する極北の水環境と社会』（環境人間学と地域）：二三一―二七五、京都：京都大学学術出版会。
・――（二〇一七）『新・神話学入門』東京：朝倉書店。

・山形県立山形東高等学校郷土研究部（編）（一九六〇）『山形県伝説集 総合編』山形：高橋書店。
・山本節（二〇一一）『異怪と境界――形態・象徴・文化』上下、東京：岩田書院。
・柳田国男（一九七一［一九五〇］）『日本伝説名彙』第二版、東京：日本放送出版協会。
・――（一九八九［一九三三］）「高麗島の伝説」『柳田国男全集』一（ちくま文庫）：五三二―五四八、東京：筑摩書房。

引用ウェブサイト

・「日本全国民話・語り下ろし妖怪通信」（藤井和子氏運営）
http://www.rg-youkai.com/tales/ja/04_miyagi/03_kani.html（二〇一七年七月一三日閲覧）

仏の消えた浄土——仏教の日本的受容と変容する死後世界のイメージ

佐藤弘夫

2 仏の消えた浄土
――仏教の日本的受容と変容する死後世界のイメージ

佐藤弘夫

一　歓談する死者たち

『遠野物語』で知られる岩手県遠野市の西来院には、幕末から大正時代にかけて奉納された「供養絵額」とよばれる三〇枚ほどの絵が伝えられています。本堂の長押（なげし）の上に据えられた大ぶりな絵額には、周辺の村人たちの日常の風景が描写されています。

ここに示した絵【図1】には六人の人物が描かれています。右側には夫婦と思われる二人の老人が座っています。その向かいには女性二人が陣取り、若い方の人物が背後の子供たちの様子を気にしながら、盃を差し出す老人に酌をしようとしています。卓上の大皿にはご馳走が盛られ、床に置かれた木鉢は果物で溢れています。

室内の二つの火鉢では炭が赤く燃え、その上に鉄瓶がかけられています。背後には立派な茶箪笥

【図１】供養絵額（西来院・遠野市）

が置かれ、襖には馬の姿が描かれています。なにか特別な日なのでしょうか、全員がよそ行きの着物に身を包んでいます。これが、老人の喜寿を祝う宴の様子を描いたものといわれてもまったく違和感はありません。しかし、ここに登場する人物は、絵が作成された時点ですでにこの世に存在しない人々だったのです。

右奥の床の間の掛け軸に記された戒名と没年がそのことを示しています。忌日は明治の後期に集中しています。この絵額が奉納された大正五年（一九一六）にはすべての人が鬼籍に入っていました。ここに描かれているのは、時を隔てて亡くなった親族縁者が死亡した時の姿のまま冥界で再会し、楽しく語り合っている様子なのです。

岩手県の遠野地方ではかつて、故人となった先祖たちが集まって生前と同じ姿で談笑している様子を描いて寺に奉納する「供養絵額」という風習が行われてい

【図 2】供養絵額（西来院・遠野市）（口絵２）

ました。この絵はその一つです。

供養絵額にはさまざまなバリエーションがありました。上の絵には、晴れ着に身を包んだ女性と男児がいます【図2】。女性は針仕事をしながら子供の様子をうかがっています。床にはいくつもの玩具が置かれ、お茶やお菓子が用意されています。ここに描かれている光景は、少しばかり裕福な家に暮らす母と子の何気ない日常の一シーンにほかなりません。

掛け軸をみると子供は幕末の元治二年（一八六五）に二歳で亡くなったことがわかります。女性の没年は明治一五年（一八八二）、享年三六歳でした。もしこの二人が本当の親子であるとすれば、子供が亡くなったのは母が一九歳のときでした。女性の年齢から考えて最初の子だったのでしょう。彼女はその後一七年生きましたが、それでも早すぎる死でした。若くしてこの世を去った女性を悼んだ遺族たちは、彼女の供養のた

【図3】ムカサリ絵馬（黒鳥観音・東根市）

めに生前の姿を描いた絵額を奉納することにしました。その際、一人で冥界に赴くこの女性の寂しさを紛らわせるために、先に亡くなった男児を書き加えました。遠い昔に心ならずも離れ離れになってしまった母と子は、二度と離別を強いられることはありません。二人はこの絵額の中で、心ゆくまで水入らずの生活を楽しんでいるのです。

故人の死後の様子を描いて寺堂に奉納する行為は、遠野地方だけでなく、東北各地に広くみられる風習でした。山形県の村山地方では、若くして亡くなった男女の架空の婚礼姿を寺に納める「ムカサリ絵馬」という習俗が、いまも続いています【図3】。青森県の津軽地方では夭折した若者の魂を慰めるために、花婿・花嫁人形を奉納する儀礼が行われています。金木の川倉地蔵尊にある人形堂には、ガラスケースに納められた膨大な数の人形が安置されています。供養される対象

【図4】花嫁人形（川倉地蔵堂・金木町）

が男性の場合には、通常遺影と花婿人形・花嫁人形がワンセットで奉納されています【図4】。被供養者が若い女性の場合には、人形が花婿になりました。

東北地方で行われている、死後の光景を再現して寺院に奉納する風習は、仏教の教えにもとづくもののように思われます。しかし、そこに描かれた世界はあくまで現世の延長であり、仏教的なアイテムは皆無です。なによりも仏の姿がありません。

これらの死者供養は古めかしい伝統を引き継いだ習俗のようにもみえますが、実は江戸時代まではほとんどなかったものであり、どれほど遡っても幕末までがせいぜいでした。これは近代になって作られた儀礼だったのです。

なぜ近代に入って、こうしたタイプの死者供養の儀礼が始まり、地域に定着していくのでしょうか。寺院に奉納されたものでありながら、そこにはなぜ救済者としての仏が描かれていないのでしょうか。

この問題は、日本列島に仏教がどのような形で受容されていったかをみていく上で、重要な視点を提供してくれるもののように思われます。それはまた、仏教という限定されたジャンルを超えて、外部から移入された思想や文化が列島に定着していく過程で、いかなるバイアスがかかることになったかを考えるための端緒となりうるものです。そこには、日本文化のハイブリッド性とその特質を解き明かすための大切なヒントが秘められているのです。

こうした問題意識を念頭に置いて、中世から現代に至る長いスパンのなかで死後世界のイメージの変容を辿りながら、仏のいない浄土の誕生を展望してみたいと思います。

二　他界に飛び立たない死者たち

死者はもはやこの世にいない人物です。亡くなって一年もすれば、存在したことを示す物理的痕跡すらほとんど失われてしまいます。にもかかわらず、私たちが身近な死者のことを忘れることはありません。人はなぜ亡き人の姿を描いて、その死後の生活に繰り返し想いを寄せるのでしょうか。

実は、日本列島において、人々が通常の忘却の過程に逆らってまでも、死者を記憶にとどめようとするようになるのはそれほど遠い昔のことではありませんでした。一四世紀から一六世紀あたりの時代を移行期として、日本列島では死者と死後の世界に対する観念が大きく変容しました。死者がこの世にいてはならない時代から、いつまでも身近にとどまって生者と交流を続ける時代への転換が起こるのです。死者の記憶を意図的に残そうとする試みは、この転換を経て初めて浮上する社会現象でした。

この転換以前の中世とよばれる世界では、人々を浄土へと迎え取る絶対的な救済者（仏）に対する深い信頼が維持されていました。異次元に実在すると信じられていた理想世界（浄土）のイメージも、生々しいリアリティをもって社会に共有されていました。死者は救済者の力によって、瞬時に浄土に飛翔することができると信じられていました。ひとたび仏に委ねられた死者は浄土での法悦に包まれた生を約束されるのであり、もはや人間があれこれ死後の命運を気にする必要はなかったのです。

中世には、仏教者によってこうした世界観と死生観を後押しするような教理が説かれ、それを記した書が数多く著されました。その代表がいわゆる鎌倉仏教の思想であり、本願の念仏によって浄土往生が成就すると説く法然の専修念仏の教えでした。

日蓮はその著作において霊山浄土の情景を活写し、自性や覚済らの密教の学僧も死後の他界浄土への往生を説きました。この世での悟りの完成＝即身成仏を掲げ、死後の救済をもっとも重視する浄土信仰とは対極の立ち位置にいるようにみえる彼らも、死後に向かうべき不可視の浄土のリアリティを共有する点では同じ時代の住人だったのです。

この時代には、浄土往生を目指す行を実践して、首尾よくそれが成就した例を集めた「往生伝」が相次いで編纂されました。他界の仏が人々を迎えるべくこの世に姿を現した様子を描いた「来迎

【図5】山越阿弥陀図（禅林寺・京都）

図」【図5】も多数描かれました。こうした世界観のもとでは、この世に残る死者はまだ救済の実現しない不幸な存在でした。一二世紀に作られた「餓鬼草紙」【図6】では、墓場をうろつき死体を貪る餓鬼の姿が描きこまれています。墓地は死者の安住の場所ではなく、この餓鬼のような悪道に墜ちた者たちがとどまる、掃き溜めのような場所だったのです。

　そのため、中世では親族が繰り返し墓地を訪れるという習慣はありませんでした。故人のいない場所にわざわざ足を運ぶことは、無駄な行為と考えられていたのです。墓所で供養が営まれたとしても、それは墓地に眠る故人の平安を祈るためではありませんでした。かの「餓鬼草紙」に描かれた餓鬼のように、そこにさまよっているかも知れない救いから漏れた存在を、確実に他界に送り出すための儀式でした。中世は墓参りのない時代だったのです。

　しかし、中世的な世界観は室町時代にはいると大きく転換します。異次元空間に実在すると信じられていた浄土のリアリティを、人々がしだいに共有できなくなってくるのです。代わって、私たち

【図6】餓鬼草紙（東京国立博物館）

が直接認識できるこの現実世界こそが唯一の存在実態であるという、近現代人に通じるような発想が時代の主流を占めるようになるのです。

こうした世界観の転換を経た近世社会では、死者はもはや遠い世界に旅立つことはありませんでした。近世に生きる人々は、中世人のように理想世界としての遠い他界をありありと思い描くことはできませんでした。それはとりもなおさず、人間を瞬時に救済する絶対的存在のイメージが社会的に共有されなくなったことを意味しました。人々の間から、死後の命運を全面的に託すに足る救済者のリアリティが失われてしまったのです。

中世では「仏」といえば、他界の本地仏にほかなりませんでした。それは他界にある浄土に実在する不可視の救済者でした。堂舎に納められた仏像はあくまで仮のイメージであって、決して本物の「仏」ではなかったのです。しかし、現代社会に生きる私たちと同様に、近世人は「仏」といったとき、ここかしこに鎮座する仏像しか思い浮かべることができなくなってしまったのです。

圧倒的な救済力を持つ仏とその仏が住む彼岸世界のイメージが色褪せた結果、死者は他界に飛び立つ力を失いました。死者は生者の手の届かない彼岸に去ることなく、遺骸や骨のある此岸にいつまでもとどまるのです。他界の仏の消滅に伴って、生死を超えた宗教的な救済の観念が失われた近世社会では、死者をケアする主役は仏ではなく人間でした。死者は他界の仏によって一気に浄土に導かれるのではありません。長期間にわたる縁者のケアによって、生前身に帯びていた生々しい欲望や感情を徐々に鎮め、最終的には人間を超えた存在＝「ご先祖」へと上昇すると考えられるようになったのです。

こうして近世には、子孫を守護する「ご先祖」の観念が成熟していきました。それに伴って、人々の思い描く自身の死後のあるべき姿が、見知らぬ遠い場所で悟りを開くことから、この世にいたまま、生前と同じように子孫と交流し続けることへと変化していくのです。

三 「ご先祖」への道

近世では死後の幸福は、縁者が継続的に故人をケアできるかどうかにかかっていました。先祖への変身の過程で、死者が忘却されたり、その供養が中断されたりすることがあってはなりませんでした。それは死者を記憶し続けることの重要性の認識が、日本列島において大衆レベルではじめて社会に定着したことを意味しました。特定の人物に対する記憶の継続が、その人物の死後の命運と不可分の関係をもつ時代が到来したのです。

この世に残る死者は首尾よく「ご先祖」に昇格できるまで、長期間にわたって手厚くケアされる必要がありました。そのためには、そこに行けばいつでも死者に会うことができる場所、定まった対話スポットが不可欠でした。生者と同様、死者もこの世に特定の住所をもつことが求められる時代になったのです。

遺骸や骨のある墓地はもっともわかりやすい死者の居住地でした。目当てとする故人と確実に面会するため、人間の住居に表札がかけられるように、死者の住居である墓にも目印となる表札が必要でした。墓に立てられる墓碑とそこに刻まれた戒名・法名はその役割を果たすものでした。

死者が墓で心地よく眠り続けるために、生者の側はそれを可能にするいくつかの条件を整えることを求められました。まず、墓は朝夕ありがたい読経の声が聞こえる寺院の境内に建てられる必要がありました。そのお寺の宗旨がなんであり、読まれる経典がなんであるかは本質的な問題ではありません。あたかもクラシックカフェで名曲の音色に浸るように、心地よいお経の響きが聞こえることが肝要なのです。

死者の命日やお盆、お彼岸といった折々の節目には、花や線香に加え、故人が生前好きだった飲食物を携えた縁者が墓を訪れ、生きた人間に語りかけるのとまったく同様に、死者との対話を試みました。お盆には家ごとに精霊棚を設け、迎え火を焚いて先祖を歓待しました。日本列島において、近年まで普通に行われていた生者と死者の交流の作法が、こうして整えられていくのです。

墓標の定着に伴って、死者供養の儀式も形式化し煩雑化していきました。供養が必要とされる期間はしだいに延長され、初七日から七七日、一周忌から三三回忌までの追善供養が定められ、人々の生活を規定するようになりました。現在まで影響を及ぼしている葬儀の事細かな習俗が作り上げられ、地域ごとに伝統的な儀式として継承されるようになりました。同じ宗派に属する寺院でも、地域が異なれば葬儀の形態が異なることも珍しくありませんでした。寺の属する宗派よりもむしろ地域ごとの特性の方が、葬儀の形態を強く規定するようになったのです。

故人は死後も継続する縁者との交流を通じて、小石が川の流れで角を落としていくように、生前にもっていた生々しい欲望や怨念をしだいに削ぎ落し、長い歳月をかけて徐々に神のステージ＝「ご先祖」にまで上昇していくと信じられたのです。

四　世俗化する死後世界

死者をケアする主体が救済者＝仏から人間へと移行するにつれて、死後世界の世俗化は急速に進行しました。死者の安寧のイメージが、生者の願望に引きつけて解釈されるようになるのです。

昨年（二〇一七年）三月のお彼岸のころ、私は京都の西福寺で、室町時代に制作されたと伝えられる「熊野観心十界図」を拝観させていただきました。畳一畳を超える巨大な掛け軸形式の曼荼羅です。このタイプの絵画は熊野比丘尼とよばれる女性の宗教者が携えて各地を回り、絵解きを行ったことで知られています。秋田市の宝性寺をはじめ、東北地方に数多く現存します【図7】。

この絵は上半分にアーチ型の「山坂」が描かれます。そこでは、右端の坂元の幼児が次第に成長を遂げながら頂点において社会的な栄達を極め、やがて坂を下るにしたがって年老いていく様が描写されています。

人生の出発点と終着点を示すかのように、坂の両端にはそれぞれ子供の出産と墓地の光景が配置されています。中央には「心」という一字が置かれ、その上方には阿弥陀仏と聖衆が、下方には地獄などの悪道で責め苦を受けている多数の衆生が描かれています。

ここでは人は、この世において生と死のサイクルを繰り返しているだけで、どこか別の世界に行ってしまうことはありません。欣求の対象である浄土も厭うべき地獄もこの世の内部にあります。理

【図7】熊野観心十界曼荼羅（宝性寺）

想の人生は未知の彼岸世界に往生することではありません。此土での満ち足りた一生を終えた後、再び生まれ変わってこの世に生を享けることでした。死は生者の世界に復帰するまでのしばしの休養の時間だったのです。

仏はもはや人を他界に誘うことはありません。生死を超えた悟りへと導くこともありません。厳密にいえば、この絵には仏が描かれていても仏界や浄土は存在しないのです。

仏の役割は、人間が生死どちらの世界においても平穏な生活を送ることができるよう見守り続けることでした。衆生が道を誤って地獄・餓鬼・畜生・修羅などの悪道に堕ちることを防ぎ、万一転落した場合はそこから救い出すことでした。たとえ恐怖や苦難と背中合わせであっても、なじみのこの世界に再生することが人々の願いでした。そして、それを実現するもっとも重要な要因が「心」のあり方だったのです。

浄土の存在感が希薄化していく背景には、他界浄土のリアリティを共有できず、浄土往生を真剣に願うこともなくなった江戸時代固有の世界観が存在しました。地獄をはじめとする悪道への転落防止は、悟りへの障害になるからではなく、冥界での穏やかな休息を妨げ、人としての再生を困難にするものであるからこそ避けるべき最重要の課題と考えられました。地獄絵には畜生道に堕ちて、犬・猫・牛などに生まれ変わった姿が描かれています。当時の人々にとっては、人間から人間へのサイクルを踏み外すことこそが最大の恐怖だったのです。

いかに彼岸の現世化が進んだとはいえ、檀家制度が機能し仏教が圧倒的な影響力をもっていた江戸時代には、死者は仏がいて蓮の花咲く浄土で最終的な解脱を目指して修行しているという中世以来のイメージが、完全に消え去ることはありませんでした【図8】。しかし、幕末に向かうに連れて他界としての浄土のイメージがさらに希薄化してくると、死後世界の表象そのものが大きく変化します。死後の命運を司る仏の存在がさらに後景化し、ついには死後の世界から仏の姿が消え去るのです。

【図8】極楽の風景（最禅寺・湯沢市）

死者は美しい衣装を身にまとい、この世の延長である冥界で、衣食住に満ち足りた生活を満喫するようになります。遠野の供養絵額や山形のムカサリ絵馬は、こうした死後世界の変容の果てに、近代になって生まれた新たな風習だったのです。

五　モリ供養の夏

近世後期以降、供養絵額やムカサリ絵馬のほかにも、東北地方では地域ごとに特色のある死者供養の風習が生み出されました。

お盆過ぎに東北地方で行われる死者供養の儀式に、「モリ供養」とよばれるものがあります。山形県の鶴岡市から国道七号線を南に向かって走ると、日本海に沿って広がる庄内平野の水田風景のなか、三つのこぶをもった小山がみえてきます。「清水のもり」とよばれている三森山です。

この三森山は、標高一二〇メートルほどのごくありふれた里山です。普段はほとんど人の立ち入ることがないこの静かな山は、八月二二・二三の二日間だけ、いつもとはまったく違った表情をみせます。

この両日、早朝から多くの人々が三つのルートを通って山頂を目指す姿を目にすることができます。九十九折の急坂を上り詰めると、山上の開けた場所に到達します。そこから先には、緩やかに起伏を繰り返す尾根道に沿って、姥堂、閻魔堂、大日堂、観音堂、地蔵堂、仲堂（勢至堂）、阿弥陀堂という名称の付された小さなお堂が点在しています。

それぞれの堂は、幕が張り巡らされ幡《はた》が立てられるなどの飾り付けがなされています。堂の前庭には施餓鬼棚《せがきだな》が設けられて、供物が並べられています。各堂には麓の寺院から来た僧侶や地元の世話人がいて、塔婆に故人の戒名と命日を書いてもらうことができます。

モリ供養は施餓鬼棚の前で行われます【図9】。僧侶の読経の声が響くなか、墓若者（はかわかぜ）とよばれる二人の若者が、「花水あげます」「お茶水あげます」という掛け声とともに、棚の中心におかれた「三界萬霊塔」に交互に水をかけます。その光景を前に、参拝者たちは手を合わせて、それぞれに想う人の冥福を祈るのです。

【図 9】施餓鬼供養（三森山）

庄内平野の東の山際に位置する白狐山光星寺も、モリ供養で知られる寺院です。三森山とは、鶴岡の市街地を挟んで対峙する位置にあります。「西のモリ」と呼ばれる三森山に対し、白狐山は「東のモリ」といわれています。

毎年、八月二一日から二三日にかけて、一年の間に亡くなった新仏の歯骨を携えて人々は光星寺を訪れます。納骨以外でも、近親者の供養を目的としてこの地を訪れる人は少なくありません。モリ供養の舞台は寺の裏手の高台にある光明堂です。この堂からは水田の広がる庄内平野を一望することができます。

普段は人影のない山上のお堂も、この日は開け放たれて世話役の檀家の人々が来訪者に対応しています。持ち込まれた遺骨は光明堂で供養された後、背後にある納骨堂に納められます。

こうした風習が行われる背景には、死者の霊魂が村近くの里山に籠るという、古来庄内地方に伝わる伝承があるといわれています。死者の宿る里山はモリの山とよばれました。三森山と同じく、光星寺の裏山もモリの山だったのです。

白狐山のある三ヶ沢の集落から山沿いにしばらく南下すると、山伏と修験で有名な羽黒山に行き当たります。標高四一四メートルの羽黒山は、庄内平野のどこからでも目にすることのできる月山（一九八四メートル）の前山＝ハヤマです。

現在、羽黒山の中心をなすものは、山上にある三神合祭殿です。江戸時代までは、この建物は寺院としての羽黒山の本堂でした。明治維新期の廃仏毀釈によって山上から仏教色が一掃されると、神社の本殿に姿を変えました。

三神合祭殿はその名の通り、出羽三山といわれる月山、湯殿山、羽黒山の神々を一カ所に祀った社殿です。この巨大な建物を中心とする山上一帯が羽黒山のもっとも聖なる領域であり、手向《とうげ》からここに至るまで、何重もの門や鳥居によって厳重に結界されているのです。

三神殿の右手には、参集殿があります。その脇から参道が伸びており、先に進むと鮮やかに彩られた霊祭殿に突き当たります。奥まった場所にある目立たない建物であり、多くの参拝者は気がつかないまま通り過ぎてしまいます。

ここはかつて仏立堂、地蔵堂と呼ばれていました。案内板によれば、羽黒山は古来「モリの山」

【図10】霊祭殿周辺の卒塔婆群（羽黒山）

であり、霊祭殿はこの山に鎮まる先祖の霊を供養するための施設なのです。

この建物周辺は、神域としては著しい違和感があります。霊祭殿に至る道沿いにはおびただしい数の風車が林立しています。霊祭殿に隣接して水子地蔵尊があり、それを取り巻くように、古めいた多数の地蔵、五輪塔、石碑の類が林立しています。白い浄衣や故人の遺品と思われる衣服を着せ掛けられている石造仏もたくさんあります。

水子地蔵と正対する傾斜地には、死者を供養する膨大な数の板塔婆が立てられています【図10】。亡くなった親族の名を記したと思しきものが中心ですが、「四足二足動物一同の霊」「土地無縁一同の霊」「仙台空襲の犠牲者の霊」など、バリエーションは多彩です。八月のお盆前後の時期ともなれば、塔婆の群れを縁取るかのように立てられた水子供養の無数の赤い風車が、かすれた音をたてながら回転する光景を目にすることができます。

霊祭殿が立地するのは、幾重にもわたって目に見えないバリアが張り巡らされた結界の内部であり、山内でも最高レベルの聖域です。そこで、山に鎮まる祖先の霊の供養が行われているのです。

しかし、実際に目にする光景は、死の臭いを完全に消し去って穏やかに微笑む「ご先祖」の姿ではありません。生前の怨念や欲望をすべて昇華し終えて神となった霊魂でもありません。ここに広がっているのは、いまだに現世に対する未練を抱き続けている死者と、夭折者たちへの思いを断ち切れないままでいる生者の思念が交差し渦巻く、鳥肌の立つ空間なのです。

六　死者は山に棲むか

ここまで、庄内地域でいまでも行われている夏の死者供養をご紹介しました。そのすべてに共通するキーワードは、「モリ供養」です。亡くなった者たちの霊魂がモリの山と呼ばれる里山にとどまっていて、親族が望めば死者と交流できるという観念が共通の背景になっているのです。

モリの山はしばしばハヤマとも呼ばれていました。ハヤマには、「葉山」「羽山」などさまざまな字が当てられていますが、本来の意味は「奥山」に対する「端山」（端に位置する山）であったと考えられています。羽黒山は月山の端山でした。村山盆地にある天童市や東根市からは西に葉山（一四六二メートル）を望むことができますが、この葉山もその背後にそびえ立つ月山（一九八四メートル）の端山でした。ハヤマに上った死者の霊は、やがてしだいに浄化されながら高みを目指し、最終的には奥山の山頂に到り着いて神となるのです。

死者が籠る山としてのモリの山の観念は、庄内地方だけでなく、東北一円に見出すことができます。山寺立石寺では毎年八月六日に、念仏を唱えながら山内を巡行する夜行念仏が行なわれますが、これも山寺のある場所が古来モリであったことに起因するといわれています。

直木賞作家の熊谷達也氏の作品に『迎え火の山』いう小説があります。即身仏取材で月山麓にある故郷に帰省した主人公が、村興しのためにかつて行われていた「採燈祭」復活に奔走する友人たちとともに、奇怪な事件に巻き込まれていく様子を描いたミステリーです。この作品では採燈祭が、月山山頂にいる先祖の霊を麓に呼び戻して供養する行事として描かれています。死霊の籠る山としての月山のイメージは、現代の小説にまで影響を及ぼしているのです。

今日では常識として受け入れられている死者が籠る山という観念の存在を、最初に体系的に論じたのは、民俗学の祖として名高い柳田國男でした。柳田は終戦間近の昭和二〇年（一九四五）に「先祖の話」を著し、孤高の思想家の説く高尚な死の哲学ではなく、普通に日常生活を送るごくありふれた人々＝「常民」が抱く、死と霊魂に関わる観念を明らかにしようとしました。彼がそこで描いたのは、亡くなった先祖を身近な存在と捉え、それとの日常的な交流のなかで日々の生活を営む庶民の姿でした。

日本人には、死者の霊が手の届かない天国や極楽に行ってしまうという感覚はありませんでした。霊魂はあくまでこの世界内部の、かつての生活空間の近辺にとどまり、再び人界に生を享けるまでの間、折りに触れて縁者たちとこまやかな交渉をもち続けるのです。

柳田によれば、「この国の中」で霊のとどまるところとは山にほかなりませんでした。死を迎えた人の魂は、生前の暮らしを営んだ故郷や子孫の生活を見守ることのできる山の頂にとどまり、祭りのたびごとに家に迎えられました。山に籠る霊魂ははじめこそ「だれかれの霊」という区別はあったものの、時の経過とともに先祖の霊と合体して個性を失い、やがては山の神と一体化していくのです。

柳田國男以降、民俗学や宗教学の分野では、柳田の説を裏付けるようなさまざまな具体的な習俗や事例が発掘されていきました。先に取り上げたモリ供養は、先祖が山に住むという観念の存在を示す格好の事例と考えられました。

そうした成果を前提にして、次の段階で議論されることになったテーマは、日本固有の霊魂観の上に外来の宗教である仏教が受容されたとき、それがどのように受け止められていったのかという問題でした。

六世紀に日本に伝来した大陸の仏教は、それまでの日本列島にはなかった明確な彼岸表象と体系的な死生観を有していました。その受容は死生観の問題にとどまらず、異文化接触という視点からも貴重なケースと見なされ、さまざまな立場から発言がなされてきました。その際のキーワードとなったものが、「霊山信仰」であり「山中他界」だったのです。

霊魂が山に宿るという観念とも関わる問題ですが、日本では太古の時代より山を神聖なものとみなして信仰の対象としてきました。その祭祀の担い手であったシャーマンたちは、仏教がはいってくるとそこに説かれる「死後他界にいく」という教理を受容し、それを従来保持していた観念と習合させました。その結果、地獄や極楽が現世と隔絶した異界であるという仏教本来の観念は変容させられて、地獄も極楽も山の中にあるという「山中他界」の思想が生まれてくることになったのです。月山の弥陀ヶ原や立山の地獄谷はその一例にほかなりません。墓地がしばしば故郷の村を見下ろすことのできる高台に設けられたのも、そこが仏教伝来以前からの死者の籠る山だったことによる、と解釈されることになったのです。

私は今日の一部の地域において、死者が山に住むという観念が存在することを否定するつもりはありません。しかし、こうした観念が仏教伝来以前の列島固有の死生観であるという見方には賛成できません。

中世といわれる時代にまで遡れば、この世界は死者がいてはならない時代でした。鎌倉時代の史料には、浄土に行くことのできない延暦寺や南都の僧が、それぞれ比叡山や春日山の奥山で罪を瀆っているという記述があります（『比叡山王利生記』第七、『春日権現験記』巻一六）。山は首尾よく理想の他界＝浄土に飛び立つことのできない人々が試練を受ける、煉獄のような場所と考えられていたのです。

先に述べたように、死者がいつまでもこの世にとどまるようになるのは、江戸時代以降の現象でした。絶対的な救済者に対する信頼が薄れた近世社会では、死者は子孫による世代を超えたケアを受けて欲望や怨念などの俗世の垢を少しずつ削ぎ落としながら、神としてのご先祖様へと上昇していくことがあるべき姿と考えられるようになりました。死者は仏によって一気に救われるのではなく、生者との長い交流を通じて安定した存在へと上り詰めていくのです。

そのため、長期にわたる先祖神への変身の途上で、死者が忘却されたり、その供養が中断されたりすることがあってはなりませんでした。特定の人物についての記憶の継続がその人の生きた証であり、死後の命運と不可分の関係をもつと信じられる時代が到来したのです。

こうした状況を背景として、故人の戒名・法名を石に刻んだ墓標が普及し始めます。あわせて墓以外にも死者と交流するさまざまな場所と機会、そして手段が考案されるようになります。それは幕末から近代にかけてますます多様化します。しばしば日本古来の観念と伝統にもとづくとされるモリ供養も、実際には江戸時代の後期以降に新たに作り上げられた風習である可能性がきわめて高いと、私は考えているのです。

七　記憶されない死者のゆくえ

ここまで私たちは、近世成立期から現代に至る死生観と葬送儀礼の変遷を概観しました。かつてこの列島上には、そこに行けば確実に故人と会うことができる約束の場所が無数に存在しました。墓地がその代表ですが、各地の霊場やモリ供養の山もそのスポットの一つでした。人々はそこを訪れる日を指折り数えて待ち続け、故人と交歓するために花と香を用意し、短い旅の支度を整えました。七夕を待つ織姫と彦星のように、死者との定期的な対面を楽しみにするたくさんの人々がいたのです。

霊場での先祖供養は、死者のためだけのものではありませんでした。生者のための行事でもあったのです。三森山の山頂から麓に広がる伸びやかな景色を見るとき、生と死の境は取り払われて、私たちは死者の眼差しで下界を眺めます。私たちはしばし死者と時空を共有し、折々に遺族と交流しながら、先に逝った親族たちと一緒にここで俗世の垢を流すのも悪くない、と考えるようになるのです。そして、山での穏やかな休息の果てに、新たな活力を得て俗世界に舞い戻る、生死の無限の循環に想いを馳せるのです。

しかし、そうした光景はしだいにこの列島から姿を消しつつあります。その背景にあるのは、死者供養の個人化です。これまで日本列島において、長期間にわたって現世と死後世界のあり方を規定していたのは「家」の存在でした。しかし、家を単位として構築されてきた日本列島の死の文化は、いま大きく形を変えようとしています。

その向かう先は、一言でいえば死者の個人化です。家や共同体といった枠組みで死者を長期にわたって記憶し供養する体制が解体し、記憶されない死者、供養されない死者がいま大量に生まれつつあります。死者と生者との関係は個人的なつながりとなり、多くの死者がこの世での定住の地をなくして、関係者が思い起こした時だけ記憶のなかに蘇る存在となりました。この世に戸籍を持たない死者、居場所のない死者が大挙して出現する時代が、再び到来しようとしているのです。

こうした方向性は社会構造の変化に伴う必然的な現象であり、押しとどめることのできない時の流れというものなのでしょう。ただ一つだけ気になるのは、儀礼の衰退に伴って、私たちが長年にわたって共有してきた生と死のストーリーそのものが、急速に力を失っているようにみえる点です。

その背景にあるものは、日本社会において進行している伝統的な家制度の崩壊です。少子高齢化に伴って、いまや単身世帯の割合が全世帯の四分の一に達し、「お一人様の老後」が当たり前になってしまいました。「墓じまい」という言葉が一般化するほどに、継承者のいない墓が増加しています。今日、生活の単位が家から個人へと移行する現象はとどめがたい時代の趨勢となっています。それと並行して、死者の世界でも家という枠組みが解体して個人化が進んでいます。

中世には、絶対的な威力を持った救済者による往生と成仏の物語が人々に共有されていました。

ひとたび阿弥陀仏などの救済者の手に委ねられた死者には、彼岸での法悦に至るプロセスが約束されていたのです。

近世に入って家制度が確立すると、私たちの祖先は、こんどはそれを前提とした生者と死者の緊密な交流の物語を紡いできました。近代では死者との交流の形態はさらに多様化し、地域ごとに特色ある風習が定着しました。

各地の古い史跡を歩いてみると、どこでも例外なく、寺社や墓などの宗教施設が都市と集落の中心部分を形成していることに気づかされます。かつて人々は、神仏や死者など眼に見えぬものを大切な仲間として扱い、そのために社会のもっとも重要な領域を提供してきました。

前近代の日本列島では、人は、人以外の存在に対する強いリアリティを共有していました。神仏・死者だけでなく、動物や植物までもが、言葉と意思の通じ合う一つの世界を構成していました。この世が、人間と人間以外のさまざまな存在によって構成されるハイブリッドな世界であるという見方が、前近代人の一般的な認識でした。そこでは、眼に見えぬものたちが羊水のように社会を柔らかく包み込んで、人間同士が直接衝突して傷つけ合うことを防ぎ、冥界への旅立ちの不安を打ち消す役割を果たしていたのです。

それと対比したとき、近代が日常の生活空間から人間以外の存在を放逐してしまった時代であることを、改めて実感させられます。ハイブリッドな共生のシステムが機能不全に陥ったいま、私たちはそうした変化に対応する新たな物語を共有できないままでいます。

死者との安定した関係の構築は、生きた人間にとっても精神的に満ち足りた人生を送る上で不可欠の前提です。供養されることのないまま放置された骨、行き場のない死者がいる社会は、どれほど物質的に恵まれていても、その足元には虚無に至る穴がぽっかりと空いていると私は思います。死後の世界を想定しない民族は、いまだかつて存在しませんでした。人生は生の世界だけでは完結しません。人間は生と死を貫く真に納得できるストーリーをえて、初めて深い安心をえることが可能となるのです。

伝統的な物語が失われつつある今日、人類が蓄積してきた叡智に光を当てて、そこから現代人の心を捉える豊かで奥深いストーリーをいかにして紡ぎ出していくのか。いかにして死者との穏やかな共存関係を再構築していくのか—私たちはいま、死者から重い問いを突きつけられているのです。

【参考文献】

熊谷達也（二〇〇四）『迎え火の山』講談社文庫。

佐藤弘夫（二〇一五）『死者の花嫁』幻戯書房。

柳美里・佐藤弘夫（二〇一七）『春の消息』第三文明社。

柳田國男（一九九〇〔初出一九四六〕）「先祖の話」『柳田国男全集』一三、ちくま文庫。

遠野市立博物館第四三回特別展図録（二〇〇一）『供養絵額』遠野市立博物館。

ムカサリ絵馬展図録（二〇一〇）『描かれた死者の結婚式』「ムカサリ絵馬」展実行委員会。

【図版出典】

【図5】「山越阿弥陀図」京都・禅林寺（図録『特別展　神仏習合』奈良国立博物館、二〇〇七年）。

【図6】「餓鬼草紙」東京国立博物館本（日本の絵巻七『餓鬼草紙ほか』中央公論社、一九八七年）。

【図7】「熊野観心十界曼陀羅図」秋田・宝性寺（図録『熊野信仰と東北』東北歴史博物館、二〇〇六年）。

他の写真は、被写体の所蔵者の許可を得て、佐藤が撮影したものである。

洋学者としての大槻文彦

後藤　斉

3　洋学者としての大槻文彦

後藤　斉

一　はじめに

大槻文彦《おおつきふみひこ》（一八四七〜一九二八）は日本最初の近代的国語辞典『言海』の編者として知られています。彼はまた、それと表裏の関係にある文法書『広日本文典』と『広日本文典別記』を著述しました。晩年に精力を傾けた『言海』の改訂作業は、没後に『大言海』として実ることになります。これらは日本語学の歴史に大きな足跡を残したもので、それ以降の国語辞典や日本文法研究の基盤にもなりました。ですから、大槻のことを「明治の偉大な国語学者」と称することに異論の余地はありません。【図1】

ただ、辞典と文法書の陰に隠れてしまっていますが、大槻には国語学者以外の側面もありました。例えば、小学館『日本大百科全書』で大槻は次のように解説されています。

【図1】大槻文彦（『言海』口絵）

国語学者。儒者大槻磐渓（ばんけい）の三男として江戸に生まれる。如電（じょでん）の弟。開成所、仙台藩養賢堂、三叉（さんしゃ）学舎などに学んだ。一八七二年（明治五）文部省八等出仕、英和辞典の編集にあたり、その後宮城師範学校校長、文部省御用掛などを歴任し、そのほか国語調査委員会委員などをも務めた。九一年刊行完成の『言海』は、ウェブスターやヘボンの辞典を参照し、各語の発音、語の類別や語源、語釈、出典にわたって記したもので、国語の普通辞書として広く用いられた（のちに増補されて『大言海』になる）。また、その巻頭に付した「語法指南」に改訂を加えて九七年『広日本文典』『広日本［文典］別記』を刊行したが、これは和洋の折衷文典として、文法学の基礎をなし、学校文法にも広く影響を与えた。このほか、国語調査委員会の『口語法』『口語法別記』の編集にもかかわるなど、口語研究にも新しい面を開いた。［古田東朔］

確かに冒頭で端的に「国語学者」とまとめられていますが、「開成所、仙台藩養賢堂、三叉学舎などに学んだ」と続きます。開成所とは幕府の洋学教育機関でした。三叉学舎は聞いたことのない人の方が多いでしょうが、明治初めの英語の私塾でした。あまり知られていませんが、文部省でまず彼が携わったのは英和辞典の編集だったのです。『言海』がウェブスターの英語辞典の影響を受けたことや、大槻の文法研究が日本と西洋の両方の学問に立脚した「折衷文典」であったことは、本人が語っていたことでもあり、専門家には広く知られた事実です。

実際、のちに大槻は幕府の開成所で英語を初めて学んだ時に使った文法書を回想して、「文彦も…此《この》書より英学にいれりされば言海も日本文典も遠く其《その》淵源をたづぬれば此書より発せり」(「和蘭字典文典の訳述起原」大槻 一九〇二所収)と述べています。実は、大槻が文部省から国語辞典の編纂を命じられたのは、彼が和漢洋の学に通じているとの理由からでした。国語辞典『言海』の成立の背景には大槻のハイブリッドな学識があったということになります。このように、大槻文彦や『言海』を理解するためには大槻の国語学者以外の側面をも考慮することが必要なのです。

国語辞典の編纂を命じられる人が和の学問に通じていたことは容易に理解できます(もっとも、実は独学なのです)。儒者の息子ですから漢学の素養を積んでいたことも驚くには値しません。一方、洋学者としての大槻文彦はなかなかイメージしにくいのではないでしょうか。

ここでは、大槻の活動を洋学(明治になってからの英語に関連した活動を含む)という観点から見直してみようと思います。大槻の洋学の分野での活動は決して初期に限定されていたわけではありません。意外なほどの広がりを見せてもいます。

大槻の「自伝」（大槻 一九三八所収）には、自分の学問を概括して次のように述べている個所があります。

著述の話をしろとおつしやるが、私の著述にはろくなものはない。併《しか》し著作にはそれ〴〵すこしづつ動機があつた。

幾《いく》ら勉強しても才は短いし、見識は低いし学力がないからろくなものは出来ぬ。誠につまらぬ境涯である。

私の学問がいかにも雑駁《ざっぱく》であると思はれよう。自分でもあきれる。荒物屋の店のやうで、色々の品はあるが上等のものはない。……かやうな雑学になつたは辞書などを作つたからであらうが、私の生れ時がわるくて、今の文明の教育を施されるやうになつた頃には成長し過ぎて其教育が受けられなかつたのもそれである。専門の学をしなかつたのもそれである。専門の学をしなかつたのは一生の損であつた。今更《いまさら》取返しがつかぬ。何学問でも専門でなければ造詣せぬ。

もちろんこれは謙遜であり、言語の学が広い関心と絡みあって多方面に及んでいることをこのように表現しているのです。大槻の知的関心全体としては、国語辞典と日本語文法の編纂を中心としながらも多岐にわたっていました。時期により軽重がありますが、歴史、地理地誌、国境意識、洋学史・日欧交渉史、父祖の業績、仙台（伊達藩）、出版印刷、かな文字論、言文一致、音楽などのテーマです。この意味で、大槻はマルチ人間であったと言うことができますが、その全貌を捉えることは容易ではありません。洋学を一つの端緒として大槻とその国語学を捉えなおしてみましょう。

大槻の旧蔵書の多くは、現在は宮城県図書館と早稲田大学図書館洋学文庫に所蔵されています。父祖からの大槻家資料多数は二〇一三年に一関市博物館に寄贈されました。これらはそれぞれの所蔵館で貴重資料として管理されていて、閲覧にはしばしば制約があり、存在さえ従来は一部の専門家以外にとっては容易に知ることのできないものでした。大槻の公刊された著作も今では入手困難なものも多く、そもそも公刊されなかった手稿類も少なくありません。そのような資料のうちかなりのものが、幸いなことに、現在ではインターネットを通じて検索して、だれでも手軽に閲覧することができるようになっています。国立国会図書館デジタルコレクション（http://dl.ndl.go.jp/）、宮城県図書館叡智の杜 Web（http://www.library.pref.miyagi.jp/eichi.html）、早稲田大学古典籍総合データベース（http://www.wul.waseda.ac.jp/kotenseki/）（特に洋学文庫のうち大槻文庫）、一関市博物館館蔵品検索（http://www.museum.city.ichinoseki.iwate.jp/search/）などのサイトです。すべてが公開されているわけではありませんが、インターネット時代の恩恵にほかなりません。

二　大槻文彦と『言海』

『言海』が日本最初の近代的国語辞典だと言いましたが、現在ではその重みはかならずしも実感されていないかもしれません。まずその歴史上の意義を確認することにしましょう。

学者芸人を名乗るサンキュータツオは『学校では教えてくれない！　国語辞典の遊び方』でさまざまな国語辞典を取り上げていますが、『言海』と大槻文彦について印象深い評をしてくれています。該当箇所から抜き出してみましょう。

　最初の近代国語辞典でありながら、その後の辞書のスタンダードな形を決定づけた。いろいろなひどい目にあいながら、ようやく刊行した……　涙なくしては語れない苦労があったのですね！

　これから新しい国をつくっていくんだ、俺たちの手で！　そんな熱量が『言海』からはにじみ出ています。

　ぜひ高田宏さんの『言葉の海へ』という本をよんでください。大槻文彦が大河ドラマの主人公にふさわしいほど魅力にあふれた人物であることをおわかりいただける…

　幕末から昭和にかけて生き抜いた知の巨人！

「大河ドラマの主人公にふさわしい」という評には驚かれるのではないでしょうか。高田宏『言葉の海へ』は大槻の伝記ですが、『言海』の編集と完成を軸にして、父祖や戊辰戦争前後のことにも触れながら、まとめられています。確かに「大河ドラマの主人公にふさわしい」と納得したくなるかどうか、是非ご一読ください。刊行以来の四十年にたびたび再刊されてきましたが、二〇一八年には新潮文庫に収録されて、入手しやすくなりました。内容はもちろん洋学修業についても触れてはいますが、感動的に語られる『言海』編集の苦労の方が読後に印象深く残るかもしれません。

残念ながら私にはそれほど感動的な文章は書けませんので、もっと散文的に『言海』について基本的な事実を見ることにしましょう。大槻が文部省報告課勤務となり、日本語の辞典の編纂を命じられたのは一八七五年でした。一八八六年に原稿を文部省に提出しますが、結局のところ自費で『日本辞書 言海』四分冊の形で刊行できたのは一八八九~九一年で、かなりの年数を要したことになります。その陰にあったさまざまな苦労話はここでは省略せざるをえませんが、その間の一八九〇年に次女と妻を相次いで失ったことだけは触れておきましょう。

『言海』の本文は一一〇〇ページあり、ほかに全部で百数十ページの解説や付録などが付されています。見出し語の総数は三九一〇三語と記されています。初版が刊行されて以降、さまざまな判型で増刷され、修正をともなう改版を経つつ、戦後の一九四九年になんと第一〇〇〇版に至ります。昭和前期までの国語辞典の大ベストセラー、ロングセラーと言って過言でありません。当時は辞典の代名詞だったのです。

縮刷版（一九〇四）の複製が二〇〇四年にちくま学芸文庫から刊行されていて、現在でも比較的容易に入手できます。研究者向けの学術的な検索サイト（http://www.joao-roiz.jp/JPDICT/）が、校正中との注意書きがありますが、上智大学豊島正之氏により公開されています。また、これは『言海』に限ったことではありませんが、国立国会図書館デジタルコレクションで初版の画像が公開されており、だれでも自由に閲覧することができます。

宮城県図書館の広報誌は『ことばのうみ』と題されています。岩手県の一関市立博物館には常設展示の一つのコーナーとして「大槻文彦と言海」が設置されており、関係資料が展示されています。二〇一一年の特別展を機に、図録（一関市博物館編 二〇一一）が刊行されました。一関市立図書館前には「大槻文彦先生の像」が飾られていて、館内の一角には関連の資料や辞書類を集めた「言海コーナー」もあります。

ここでは『言海』そのものについてこれ以上詳しく取り上げることはできませんので、この辞典を扱った本のうちから、比較的新しいものをいくつか紹介しておきましょう。このほかにも、参考文献に挙げたものやそのほかの本で大槻や『言海』が取り上げられています。これは現在に続く『言海』の重みを物語る事実です。

犬飼（一九九九）は、『言海』と『大言海』とを軸にして、近代国語辞典の成立と展開の様子を詳細にたどっていく、専門家向けの大部な研究書です。今野（二〇一四）は明治の日本語という観点から『言海』の特徴を具体的に示していて、一般の方にも比較的読みやすいでしょう。世界の代表的な辞書編纂者を紹介する田澤（二〇一四）では海外の辞典編集者の方も多く取り上げられていますが、日本の代表として一つの章が大槻に充てられています。改訂増補の『大言海』についてですが、永島（二〇一七）は大槻の語釈のおもしろさをたくさんの事例から例証してくれています。

三浦しをんの小説『舟を編む』は、出版社の営業部員である主人公が辞書編集担当に異動してたどる経験をユーモアを交えて描いていますが、本屋大賞を受賞し、映画化やアニメ化もされたので、ご存じの方も多いでしょう。作中で編集される辞典のタイトル『大渡海』が『(大)言海』を踏まえていることは明らかです。それればかりでなく、作中辞典の監修者が、子どもの時に最初に手に取った辞典が『言海』であって、大槻が編集に苦労したことを知って感銘を受けた、と語る場面のほか、数か所で『言海』が引き合いに出されます。ただ、「…持てる時間のすべてを注ぎ、大槻文彦はまさに自身の生涯をかけて『言海』を完成させた。」という説明は小説における誇張的な表現とみるべきでしょうか。確かに晩年の『言海』改訂作業にあたっては、「著述病　老体の文彦翁訪問客を謝絶言海の増補に苦心」（『東京朝日新聞』一九一九年二月九日）と報道されるような時期もあったことは事実です。しかし、本稿で注目するように、大槻の知的関心と活動範囲は『言海』編集に限定される

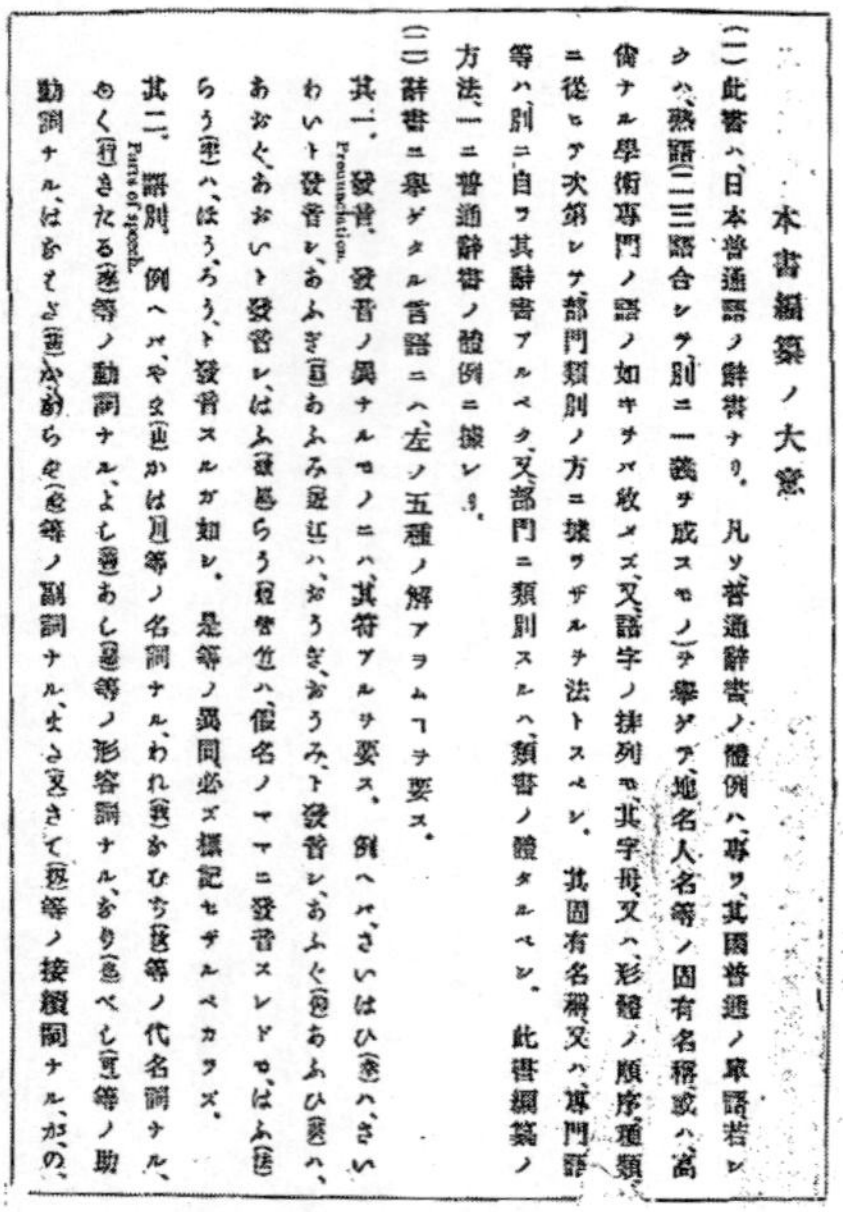

本書編纂ノ大意

(一)此書ハ、日本普通語ノ辭書ナリ。凡ソ、普通辭書ノ體例ハ、專ラ、其國普通ノ單語若シクハ、熟語(二三語合シテ別ニ一義ヲ成スモノ)ヲ擧ゲテ、地名人名等ノ固有名稱或ハ、高尙ナル學術專門ノ語ノ如キヲバ收メズ、又語字ノ排列モ、其字母、又ハ、形體ノ順序種類ニ從ヒテ次第シテ、部門類別ノ方ニ據ラザルヲ法トスベシ。其固有名稱又ハ、專門語等ハ、別ニ自ラ其辭書アルベク、又部門ニ類別スルハ、類書ノ體タルベシ。此書編纂ノ方法、一ニ普通辭書ノ體例ニ據レリ。

(二)辭書ニ擧ゲタル言語ニハ、左ノ五種ノ解アラムコトヲ要ス。

其一、發音、Pronunciation. 發音ノ異ナルモノニハ、其符アルヲ要ス。例ヘバ、さいはひ(幸)ハ、さいわいト發音シ、あふぎ(扇)あふみ(近江)ハ、おうぎ、おうみト發音シ、あふぐ(仰)あふひ(葵)ハ、あおぐ、あおいト發音シ、はふ(這)らう(臘)ハ、假名ノマヽニ發音スレドモ、はふ(法)らう(老)ハ、ほう、ろう、ト發音スルガ如シ。是等ノ異同必ズ標記セザルベカラズ。

其二、語別、Parts of speech. 例ヘバ、やま(山)かは(川)等ノ名詞ナル、われ(我)なんぢ(汝)等ノ代名詞ナル、ゆく(行)きたる(來)等ノ動詞ナル、よし(善)あし(惡)等ノ形容詞ナル、なり(也)べし(可)等ノ助動詞ナル、はなはだ(甚)かならず(必)等ノ副詞ナル、しかうして(而)等ノ接續詞ナル、が、の、

【図2】『言海』本書編纂の大意

ものでなく、ずっと広いものでした。

江戸時代までにも日本語の辞典はありました。明治になってからも、『言海』に先立つ国語辞典がなかったわけではありません。『言海』が日本最初の近代的国語辞典として特筆される理由は、一言でいえば、綿密な編集方針にのっとっていることと言えるでしょう。その方針は「本書編纂の大意」として巻頭に掲げられています。抜粋してみましょう【図2】。

（一）此書《この》は、日本普通語の辞書なり。凡《およ》そ、普通辞書の体例は、専ら、其国普通の単語、若《も》しくは、熟語（…）を挙げて… 又、語字の排列も、其字母、又は、形態の順序、種類に従ひて次第して… 此書編纂の方法、一に普通辞書の体例に拠れり。

(二) 辞書に挙げたる言語には、左の五種の解あらむことを要す。
其一、発音 ……、其二、語別 ……、其三、語原 ……、其四、語釈 ……、
其五、出典 ……

(四) 辞書は、文法の規定に拠りて作らるべきものにして、辞書と文法とは、離るべからざるものなり。而《しか》して、文法を知らざるもの、辞書を使用すべからず、辞書を使用せむほどの者は、文法を知れる者たるべし。(ちくま学芸文庫版『言海』一五―一八ページ)

この編集方針は編集作業のなかで次第に明確化されていったのでしょうが、出来上がった辞典の構成にはこの方針がきれいに貫かれています。もっとも出典については、スペースの関係で大幅に省略せざるをえませんでした。もちろん今の目から見れば物足りない点もないわけではありませんが、参考にできる日本語の辞典がない中でこれだけ高いレベルの辞典を完成させた努力には感嘆せざるをえません。

「本書編纂の大意」で「五種の解あらむことを要す」とされたもののうち、「語別」にもう少し注目しましょう。これは現在は「品詞」と呼んでいる、名詞や動詞、副詞、助動詞などの分類のことです。このような分類を行うためには、日本語の単語をどのように認定するか、いくつの品詞をどのような基準で定めるか、を前もって決める必要があります。ここから「辞書と文法とは、離るべから

ざるもの」という大槻の考えが生まれます。当然、大槻は日本語の文法の分析を迫られることになりました。もっとも、「文法を知らざるもの、辞書を使用すべからず」と辞典の使用者にまでそれを求めるのは酷なようにも思いますが。

『言海』には「語法指南」という七九ページに及ぶ文法解説が付されており、のちに読者の要望から単行本化され、さらに増補されて『広日本文典』『広日本文典別記』(一八九七)として刊行されました。例えば受け身を表す「る/らる」(現代語であれば「れる/られる」)のようなものを単語と認定して、助動詞という分類に含めるかどうかは、異論のありうるところです。また「助動詞」という用語は英語の auxiliary verb に当たりますが、「る/らる」など日本語の助動詞と英語の助動詞 can などとの間にはかなりの違いも認められます。大槻は助動詞を独立した品詞と認定しましたが、英語の助動詞は、伝統的な八品詞の分類では、一般に動詞の下位区分として扱われます。このため、別の名称で呼ぶことにするという考え方も成り立ちそうです。

大槻の文法の考え方は、その後の日本語の文法研究の基礎になりました。もちろん、のちに大槻の分析とは違う説を唱える学者が現れ、それが一般化した事例も少なくありませんが、学問の発達とはそうしたものです。一方で、「る/らる」などを助動詞という品詞として認定する考え方のように、現在の一般的な文法の考え方に引き継がれている部分も相当に残っています。

大槻が日本語の文法を考察するときに、すでに体系化されている西洋の文法を参考にすることは避けて通ることのできない道でした。大槻が日本語と西洋の文法との関係をどのように考えていたかは、「語法指南」で次のように説明されています。

西洋諸国の文法は、大率《おおむね》、羅甸《ラテン》の文法に倣ひて作りしものなりと云《い》う。……されば、英の動詞にいへる可成法、接続法は、その語体には具《そな》へぬを、…羅甸の法に擬して作為せるなり。是等は、英の語学者が無用の模擬といふべく、既に、其国の学士中にもこれを法ならずと論ずるあり。（ちくま学芸文庫版『言海』四七ページ）

…英文法の如《ごと》きは羅甸文法の模擬に出でたるもあれば、重複変化の不都合もあれど、羅甸文法の如きは、一動詞の変化に、法も、口気も、時も、具備するものなれば、然《しか》る紊乱《びんらん》の不条理なく、又、初より、其国語の天性に随ひて立てたる文法なるべければ、然る不条理の起るべき謂《い》はれも無かるべきなり。畢竟《ひっきょう》するに、国語の特性を善くも推究せずして、唯徒《ただいたずら》に此を彼に合はせむとすればこそ、さる牽強説も起るなれ。…

各国天然の言語に、各《おのおの》、差違あるべきは、理の応《まさ》に然るべき所にして、其間に惑ひを入るるに足らず。唯、其国語天然の性に随ひて語法を制定すべきなり。（同八五ページ）

大槻の折衷文法は西洋の文法に頼りすぎたという批判を受けることもあるのですが、その批判は全体としては当たらないと思います。彼は、決して英語の文法を絶対的な基準と考えて、それに無理に合わせようとしたのではありません。西洋の文法を参考にしつつも、日本語の「天然の性」に従って文法を編んだと自覚していたのです。

さて、ここでラテン語の文法を持ち出していることに注目しましょう。彼の言うように近代の西洋諸国語の文法学がラテン語文法を基本に発達したことは、実際に言語学史の教えるところです。英語の文法の中にもラテン語文法に拠りすぎていると考えられる部分があり、それについて学者の間に意見の不一致があるとは、大槻の鋭い観察です。大槻は、ラテン語にはラテン語の文法があり、英語には英語の文法があるべきだと考えていました。このように英語のみならず、ラテン語やオランダ語も含めた西洋語の文法の在り方について大槻が学識を備えていたおかげで、彼は英語の文法を相対的に捉えることができたのです。そして、それによって日本語に即した文法を構想し、体系化することができたのだと言えます。

三　大槻文彦の家系

大槻文彦の洋学を考えるにあたっては、いずれもすぐれた学者であった祖父大槻玄沢《げんたく》と父磐渓《ばんけい》の影響を考えねばなりません。文彦を含めた三人は、大槻家の出身地である一関市で「大槻三賢人」

として尊敬を集めており、JR一ノ関駅前には大槻三賢人像が置かれています。一関市立博物館の常設展示には文彦のコーナーと並んで玄沢のコーナーもあります。二〇〇〇年と二〇〇七年には玄沢を取り上げた特別展が、二〇〇四年には磐渓を取り上げた特別展が、それぞれ開かれ、図録も刊行されました。大島英介（二〇〇八）も一関の先人である三人を顕彰しようとする著述です。

文彦の祖父、大槻玄沢（一七五七〜一八二七）は蘭学者で、杉田玄白、前野良沢に学びました。一関藩医から仙台藩医となり、江戸に定住します。玄白らが翻訳した『解体新書』によって西洋医学が本格的に紹介されたことはよく知られていますが、手探り状態で行われた翻訳には満足できない点も多々あったと言います。玄沢はその改訳・改訂作業を任されて、『重訂解体新書』（一七九八成、一八二六刊）を完成させます。ほか、蘭学入門書の『蘭学階梯』（一七八八）をはじめ著訳書は多数にのぼります。蘭学塾として芝蘭堂《しらんどう》を開いて多くの門人を育成する一方で、一七九四年から太陽暦による正月の会を催すなど、蘭学の普及に大きな貢献をしました。早稲田大学図書館蔵の「大槻玄沢関係資料」一六九点は一九九四年に一括して国の重要文化財に指定されています。

その性質から当時は公刊されませんでしたが、仙台藩のロシア帰還漂流民津太夫らからの聴取記録を『環海異聞《かんかいいぶん》』（一八〇七成）としてまとめています。また、幕府の蕃書和解御用《ばんしょわげごよう》で行われた百科事典『厚生新編』（一八一一〜、未完）の翻訳事業にも加わりました。このような活動を通じて、広い世界認識を得ていたことが明らかです。

文彦の父、磐渓（一八〇一〜一八七八）は、冒頭で見た『日本大百科全書』の文彦の項では「儒者」と紹介されていました。玄沢は蘭学の方は長男の玄幹（一七八五〜一八三八）に継がせ、次男磐渓にはオランダ語からの翻訳語を整備するために必要な漢学の学識をつけさせようとしたと言います。儒者として『孟子訳解』（一八五二）を著したほか、漢文で書かれた日本史の逸話集『近古史談』（一八五四）は明治に入ってからも読まれたようです。とはいえ、磐渓自身も蘭学を志したこともあり、西洋砲術も修得するなど、儒学一辺倒ではありません。

あまり知られていませんが、やはり仙台藩のフィリピン漂流民の聴取記録『呂宋《ルソン》国漂流記』（一八四五成）の編集に携わる機会もありました。漂流民が帰路で見聞したアヘン戦争直後の中国事情も含まれています。このようにして磐渓は父譲りの国際感覚を備えて、『献芹微衷《けんきんびちゅう》』（一八四九）などで早くから親露開国論を唱えます。藩命でペリーの黒船を視察して報告の絵巻『金海奇観』（一八五四、早稲田大学図書館蔵）を作成する行動力を見せ、建議書を幕府に提出したり、藩主の命で『ペリー提督日本遠征記』を翻訳して『彼理《ペルリ》日本紀行』（一八六二、宮城県図書館蔵）にまとめる作業を指導したりもしました。

磐渓はこうして幕末の仙台藩のブレーン役となり、戊辰戦争に際しては会津藩追討回避のため文書を起草したりもします。しかし、仙台藩の降伏の後には戦犯扱いされて、一時は入牢させられました。晩年は悠々自適の生活に入り、早くから開国論を唱えたことを誇りにしていたと言います。

文彦には、父が世界の中での日本を見通しつつ仙台藩で果たそうとした役割のことを伝えたい思いがあったようです。一九一七年、戊辰戦争五十年を記念して開かれた仙台での戊辰戦役殉難者弔魂祭に招かれた折の講演をまとめた「仙台藩挙兵の懐旧談」（大槻 一九一七）で、磐渓が尊王かつ開国佐幕の立場であったことや、西洋の「立君定律」（立憲政体）と将軍政治との類似に注目していたことなどを、語っています。

文彦が生まれたのは玄沢の没後であり、祖父から直接の教えを受ける機会はありませんでした。しかし、父を通して、あるいは家に伝わる遺著、旧蔵書、遺品などから間接的には大きな影響を受けていたことが、文彦の筆の端々から伝わってきます。一九〇〇年に行った講演「洋学開祖諸哲の苦学」（大槻 一九〇二所収）では、その事情を誇らしげに「私の祖父の大槻玄沢と云《い》う者は蘭学をいたした、夫故《それゆえ》に私の家には蘭学の書類が伝はつて居る、今は和蘭《オランダ》の学問は役に立たぬと言つて蘭学先生方の家にあつた其頃の書物は反古《ほご》にしたり破つて捨てたりした、幸に私の家には残らずに揃つて居て、二三代前からの書類は一冊でも失はぬやうにしてある、又私どもの親から段々祖父伯父あたりの話を聞いて耳に止つて居ることもある」と述べています。

文彦が利用できた玄沢由来の旧蔵書が具体的に分かる資料があります。一九〇八年六月、大槻文彦は兄如電らと上野公園の日本美術協会列品館で三日にわたって「大槻磐渓三十年追遠《ついおん》展覧会」を開き、一八七八年に没した父の三十年の記念として遺愛の品などを展示したのです。ただ、展示品の書籍にも玄沢の関心と考えられるものが少なくありません。なお、展示品には文彦が使ったものとみられる英語教科書も含まれています【図3】。

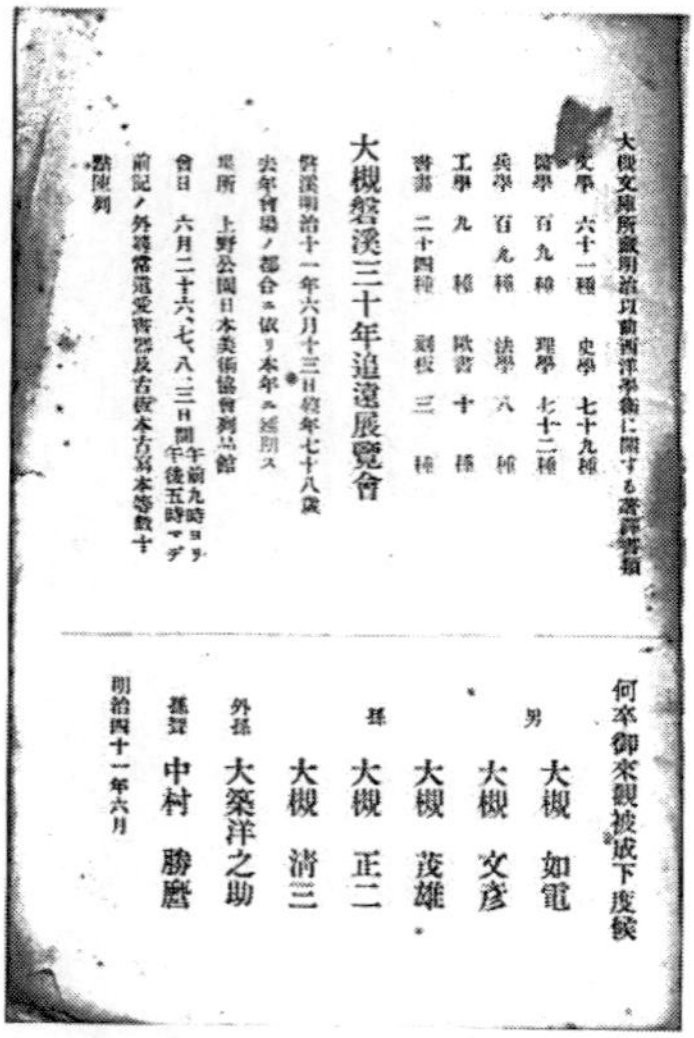
大槻文庫所藏明治以前西洋學術に關する著譯書類
文學 六十一種 史學 七十九種
醫學 百九種 理學 七十二種
兵學 百九種 法學 八 種
工學 九 種 歐書 十 種
書畫 二十四種 刻板 三 種

大槻磐溪三十年追遠展覽會
磐溪明治十一年六月十三日歿年七十八歲
去年會場ノ都合ニ依リ本年ニ延期ス
場所 上野公園日本美術協會列品館
會日 六月二十六、七、八三日間 午前九時ヨリ午後五時マデ
前記ノ外著書遺愛書器及古板本古寫本等數十點陳列

何卒御來觀被成下度候
大槻 如電
男 大槻 文彦
大槻 茂雄
孫 大槻 正二
大槻 清三
外孫 大築洋之助
孫聟 中村 勝麿
明治四十一年六月

【図3】『磐渓追遠展覧会 大槻文庫書目』扉（筆者蔵）

目録によると、その中心は「大槻文庫所蔵明治以前西洋学術に関する著訳書類」となっています。掲載されている書目は（書画と刻板を除いて）四五七点を数えますが、玄沢や玄幹の著訳書も含まれており、ほか語学書類の「文学六十一種」や「医学百九種」の大部分も明らかに、磐渓というより、玄沢ないし玄幹に由来するものです。他の分類に含まれている書籍にも玄沢の関心と考えられるものが少なくありません。なお、展示品には文彦が使ったものとみられる英語教科書も含まれています【図3】。

四　大槻文彦の洋学修業

大槻文彦が青少年期を送ったのは、幕末から明治初年にかけての激動の時代でした。上で引用した「自伝」にあったように、近代的な教育制度が確立する以前のことで、私たちには事情がわかりにくい部分もあります。

一八四七年に生まれた大槻は、一八五一年から家学（漢学と詩文）を受けたと伝わります。父は放任であったとのことですが、文彦少年はきっと自発的に父の蔵書を読み漁ったでしょう。ある人は「大槻の次男はあれは物にならう、何時《いっ》行つて見ても机にかゝつて居る」と評したとのことです。父から祖父の蘭学の志を継ぐようにと言われて、一八六二年九月には幕府の開成所（このころは「洋書調所」という名称だったはずですが、大槻は開成所ないし開成学校という後の名称を使っています）に入り英学と数学を学び始めます。先に紹介した「大槻磐渓三十年追遠展覧会」の展示書目には「単語会話　文久三年　開成所教科書　英文堀達之助所纂」が挙がっていますが、これで勉強したのでしょうか。「英語箋　二　文久二年　石橋政方　長崎人」もありますが、別に自分で買い求めたのでしょうか。

この年、参勤交代の制度が緩和されたことに伴い、父とともに一家で仙台に帰住することになりました。翌年五月から仙台藩校の養賢堂で漢学と剣術の修業をし、まもなく漢学の方では教員扱いになります。さらに一八六六年に洋学稽古人を命じられて、養賢堂ではじめ蘭学を、続いて英学を学び始めます。しかし、その教授法は大槻には物足りなかったようです。

そこで大槻は、よりよい学習環境を求めて、江戸に出て開成所に再入学しました。磐渓三十年展の展示書「英吉利文典　慶応二年　開成所教科書　世に木葉文典と呼ぶ」を使って勉強したのです。

「はじめに」のところで引用した「文彦も…此書より英学にいれりされば言海も日本文典も遠く其淵源をたづぬれば此書より発せり」がこの本です。なお、磐渓三十年展の目録には「英和辞書　一慶応二年　堀達之助　開成所編纂英和対訳の第二書」も挙がっており、別に「仏蘭西《フランス》文典　慶応二年　柳河春三」もあります。自伝などには書かれていませんが、このころ同時にフランス語にも触れたものと思われます。

大槻はむしろ実践的な英語を身につけたかったようで、翌年にかけて横浜で米国人バラ（J. H. Ballagh）とタムソン（D. Thompson）から英学の個人教授を受けます。また、学資を稼ぐため英国人牧師ベイリー（M. B. Bailey）の『万国新聞紙』の編集員を務めます。自伝によれば、食客を数人置けるだけの報酬を得たとのことです。この時期の大槻の英語力を直接示す証拠は残っていませんが、このような仕事にふさわしいという信頼を得て、十分な報酬を得られるだけの語学力、交渉力、実務能力を示したのでしょう。

『万国新聞紙』はベイリーが一八六七（慶応三）年一月に創刊した日本語新聞で、海外各地からもたらされたニュースのほか日本国内のニュースも報道し、広告も掲載していました。ただし、現在のような日刊新聞ではなく、この年は月に一回にもならない程度の発行頻度でした。大槻は自伝で「日本最初の新聞記者」と自慢げに述べています。早稲田大学大槻文庫所蔵の『万国新聞紙』第六集（慶応三年八月中旬づけ）の表紙には「文彦ガ作ナリ」と記されていて、少なくともこの号は大槻の担当で編集されたことが確実です。「六・七号で私はやめた」と自伝にあるので、その前後の号にも関わったでしょう。具体的な仕事としては、英文の記事や広告の原稿を日本語に翻訳することが主だったと思われます。

おもしろいことに、この第六集の本文の冒頭には、各地からのニュースを差し置いて、連載記事「大英国史」が掲載されています。ニュース以外にイギリス史の記事を比較的長期にわたって連載することを決めたのは経営者のベイリーなのでしょう。大槻にどの程度の決定権があったかは分かりませんが、のちの大槻の歴史関係の著述の傾向と重なってもいます。とりわけ、この号が扱っているのが西暦三五〇年から五九〇年の時期でローマ帝国によるブリテン島支配の終盤が含まれていることも、のちの大槻の仕事を考えるとおもしろい偶然です。

幕末の風雲急を告げるこの時期、英学修業に専念することはできませんでした。大槻は十月に仙台藩の重臣大童《おおわら》信太夫に伴って京都に赴くことになりました。翌一八六八年はじめの鳥羽伏見の戦いを大槻は実見することになります（『慶応卯辰実記』、のちの写本が宮城県図書館蔵）。戊辰戦争の中、大槻は藩命で江戸で探偵を務め、命の危険を冒して情報収集に努めたり、銃器弾薬の買入に携わったりもしました。生まれも育ちも江戸であった大槻には仙台なまりがなく、そのような役にうってつけだったのです。仙台藩が降伏すると、大槻は横浜に逃れますが、またタムソンの下で英学に励んでいるのも大槻らしい行動でしょう。

少し飛んで一八七〇年になって、開成所を受け継ぐ大学南校に入って、英学・数学を学びます。しかし、翌年には箕作秋坪の英学私塾三叉学舎に入り、間もなく輪読会などの機会で頭角を現して幹事（塾長）を任されます。「賃訳」という、今でいう洋書の翻訳を請け負うアルバイトなどもしました。このころから、英語の文法に触れていたことをきっかけに日本語の仕組みに関心を募らせて、日本文法を志すようになり、国学を独学したと伝わります。

大槻には海外経験はありませんが、開港から間もない横浜の居留地という特別の環境に身を置くなどして、実践的な英語力を高めた、と言えます。なお、一八七八年ごろにイギリス滞在中の友人富田鉄之助（のち日銀総裁、東京府知事など）から渡英を勧められて心が動かされ、『言海』編集作業を急ごうとしたり、新築三年ほどの家を売ってお金を作ったりしましたが、結局は実現しませんでした。

五　英学からのアウトプット

明治初年の大槻には英語からの翻訳が数点あります。内容としては地理・歴史関係が多く、彼自身の関心を反映しているのでしょうが、仕事での訳業も含まれます。原稿のまま残されていて、公刊を意図していなかったと思われる翻訳もあり、それらは存在さえあまり知られていませんが、大槻の知的関心の広がりを理解するためには重要だと思われます。翻訳の原書は明記されていないことが多く、また、複数の書物から構成しなおして訳した事例もあって、特定しにくいようです。なお、この時期には、地理や国境意識への彼自身の深い関心から、並行して、北海道や沖縄など日本の周辺領域に関して多くの資料を集めていくつかの論考を編述してもいます。大槻の全体像の把握のためには、関連させて考察すべきでしょうが、ここでは触れることができません。

一八六九（明治二）年という時期には、大槻は仙台藩の降伏後に横浜に逃れてプロシア公使館に起居したり、入牢した父磐渓のため仙台に戻って助命活動（翌年元日に出牢）をしたりと、落ち着いて学業に励める環境にはなかったと思われます。ところが、早稲田大学には「明治二年己巳秋八月」の日付のある、『日本国誌』と題された訳稿が残されているのです。大槻はこれを自分の著作には数えていないので、勉強のための習作のようなものだったのでしょう。本文二十数ページとそれほど長いものではありませんが、一八六〇年にアメリカで刊行された地理書からの抜粋と記されています。日本に関する文章ですから、情報を得たいというよりは、西洋人の日本認識のさまを知りたかったのでしょう。下に述べる日欧交渉史への関心とつながります。

上で見たように、大槻は国語辞典に先立って英和辞典の編集作業に携わったのでした。一八七二（明治五）年十月に文部省八等出仕となり、命じられたのがこの仕事です。これは未完に終わりましたが、『英和大字典』と題する第二巻（AI—AN）の原稿のみが、「明治六年春」の日付のメモが添えられて、早稲田大学に所蔵されています。編集にあたってはウェブスターの大辞典を参考にしたと言われており、大判の辞書を読みこんだのでしょう。もっとも、規則動詞を明記するなど、彼自身の工夫も見られます（早川 二〇〇七を参照）。「復軒先生伝記資料」（山田俊雄 一九八〇所収）には「此字書原稿第二巻は早稲田大学図書館に納む」とだけあって、なぜ原稿が「AI—AN」の部分だけなのか、なぜ文部省でなく早稲田大学に納められたかは分かりません。

文部省の業務の命じ方にはよく分からないところがあります。英和辞典の編集が短時間でできるものでないことは明らかで、原稿が未完成なのは当然なのですが、翌一八七三年春には大槻は師範学校で教科書『万国史略』の翻訳・編集にあたることになり、続いて文部省で『羅馬《ローマ》史略』の翻訳に従事します。いずれも翌年に『万国史略』二巻、『羅馬史略』十巻として刊行されます。

これらは業務としての訳業であり、大槻の自由意思による選択ではないかもしれません。実際、師範学校では物理学などさまざまな学科を教えたこともあったとのことです。しかし、先の「大英国史」ともつながりますが、彼の関心の中心から隔たったものではありませんでした。『万国史略』に日本史にあたる部分が欠けていることに不満で、あとで自分で続編の第三巻として『万国史略皇国之部』を出版したほどです。

『万国史略』は世界史概説ですから、この時期の日本の教育で重視したかったであろう科目の教科書です。第一巻でアジア（中国、インド、ペルシャ、トルコ）とヨーロッパの上（ギリシャ、ローマ）を、第二巻でヨーロッパの下（西ローマ帝国滅亡以降）とアメリカ（大陸発見と合衆国）を扱います。中国の部分は英語からの翻訳ではないでしょう。トルコの章で、世界の開闢としてメソポタミア文明を扱い、アダムとイブにまで触れるのは、面白い構成ですが、当時としてはよくあったのでしょうか。

一方、『羅馬史略』は、古代ローマを中心としながら、ローマの建国神話から東ローマ帝国滅亡までの二千年以上におよぶ歴史を、セウェル（E. M. Sewell）著ほか数種の英語で書かれたローマ史概説書をもとに訳述（大槻の言い方では「摘訳」）したものです。タイトルには「略」とありますが、十巻ですからかなり内容が豊富です。例えば第五巻の丸々一二〇ページをかけて、カエサル（シーザー）らが活躍する紀元前六三年から三〇年まで、ほんの三十年ほどの歴史が語られます。教育の場で国民一般に読ませるには必要以上に詳しすぎるように思えますが、文部省はこれに先立つ一八七二年に楯岡良知に『希臘史略《ギリシャ》』全九巻を訳させていました。明治初めの日本が世界の知識を吸収しようとした貪欲さの現れなのでしょう。

ところで、『羅馬史略』の「例言」では「近世西洋各国の史、陸続として翻訳に就くと雖《いえ》ども、其建国は、皆羅馬版図の分裂して以《もっ》て成れる者なれば、畢竟《ひっきょう》一羅馬史を欠くとき、其分裂の沿革建国の由来を知ること能《あた》はず。今の各国史を覧《み》んとする者は、必ず先《ま》ず羅馬史を読まざるべからず」と、ローマ史を学ぶ意義が強調されています。かりに文部省からの命令でこの仕事にとりかかったにしても、大槻自身も納得して翻訳に臨んだのでしょう。むしろ自分の世界認識を高めるのに有意義だと考えたのかもしれません。

さて、大槻が漢文で書いたその序に注目しましょう。

而其書存于今者皆記以羅甸語。夫此羅甸語者。欧羅巴全洲。所用以為模範。至今祖其典籍。宗其文字。而百般事物之名称。皆莫弗由此焉。

日本語に訳せば、「今に残るローマ時代の書物はみなラテン語で書かれている。そもそもこのラテン語はヨーロッパ全域で規範的に用いられていて、現在まで古典として尊ばれている。あらゆる事物の名称はラテン語に拠らないものはない。」といったあたりでしょうか。大槻自身がラテン語の知識をどの程度持っていたかは定かではありませんが、西洋文明におけるラテン語の文化的重要性をきちんと認識していたことが示されています。また、ここに語源への関心の萌芽を見ることもできます。「あらゆる事物の名称はラテン語に拠らないものはない」とは多少誇張していますが、十九世紀の西洋諸言語における学術用語を主に念頭に置いているとすれば、当を得ている評言だとも言えます。

一八七三年のうちに大槻はさらに新設の宮城師範学校校長を命じられ、仙台に赴任します。校舎の建築から始めなければならず、学校運営全般に多忙を極めたはずです。ところで、宮城県図書館

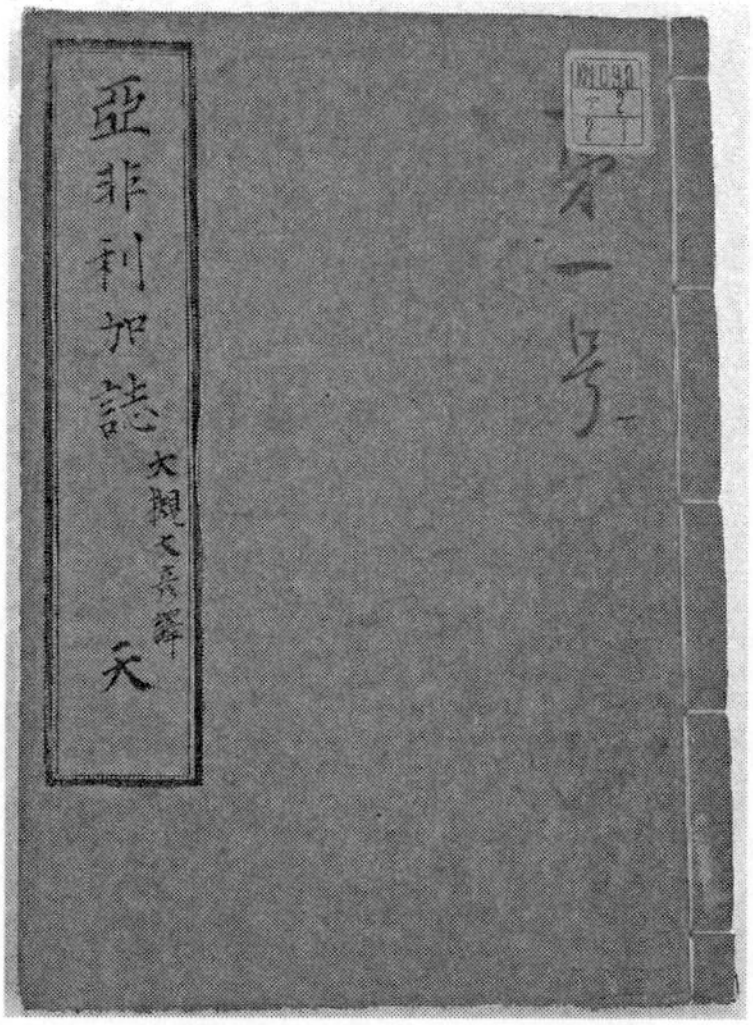

【図4】『亜非利加誌』（宮城県図書館蔵）（口絵3）

には大槻の訳業である『亜非利加誌』と題された稿本二巻が所蔵されています。日付はありませんが、宮城師範学校の印が押されていて、この時期のものに違いありません。「復軒先生伝記資料」には一八七四年十一月の項に「亜非利［ママ］志訳成　宮城師範学校に納む」とあり、これのことと考えられます。ただ、ここに誤記があることもあってか、これまでほとんど知られていなかったようです。小岩（一九九八）では大きな注目を与えられていず、小岩（二〇一二）にも言及がありません【図4】。

序文中に原書への言及はなく不明ですが、英語の著作を訳述したことは間違いないでしょう。アフリカ全体を万遍なく扱った地誌になっています。独立した著述としてアフリカを取り上げることは、この時代の日本で類例のないことではないでしょうか。大槻の知識欲、世界への関心の高さを示しているようです。しかし、この多忙な時期に、なぜアフリカの地誌を訳したのか、という疑問は消せません。一つ考えられるのは、『万国史略』にはアフリカの記述が欠けていたので、補いたかったということでしょうか。ただ、それならば、出版に他日を期すことをせず、原稿を宮城師範学校に残した理由が分かりません。

早くも一八七五年二月には大槻は東京に戻され、文部省報告課勤務となって、日本辞書の編纂を命じられます。『言海』の編集の公式の開始です。大槻の仕事の全体の中でこれが多くの部分を占めたことは疑いありませんが、自らの関心からさまざまな方面での活動も行っています。それどころか、文部省からの翻訳仕事も続くことになります。

一八八〇年には大槻の訳で『印刷術及石版術』が刊行されます。文部省が英文の百科事典を翻訳して作らせた『百科全書』の一分冊にあたります。一八八六年には同じく『百科全書』の一分冊として『言語篇』が刊行され、日本で初めて西洋の言語学が紹介されました（斉木・鷲尾 二〇一二、二〇一四、長沼 二〇一七を参照）。言語学が大槻の関心に合致していることは言うまでもなく、その言語観の形成にも影響があったことが想定できますが、別に大槻は何点も自費出版を行っており、印刷にも個人的な関心があったと考えられます。なお、『言語篇』の刊行の一八八六年は大槻が『言海』稿本の再訂を終えて文部省に提出した年ですので、文部省の翻訳仕事と『言海』編集作業とが並行して行われたことは確かです。

年代が前後しますが、大槻は一八七七年に『支那文典』を自費出版しています（袁広泉 二〇一三参照）。一八六九年刊の高第丕・張儒珍共著『文学書官話（Mandarin Grammar）』に訓点と日本文の注釈

【図5】『支那文典』（宮城県図書館蔵）

を付したものです。著者の一人高第丕はT. P. Crawfordというアメリカ人で、この本は中国語を西洋流の文法で説明しようとしたものです。大槻は、日本人が漢文を学ぶのにも役立つだろうという理由を、刊行の意図として序文に挙げていますが、はたして効果はあったのでしょうか【図5】。

　大槻にとっては、西洋文法を中国語に適用するとどうなるか、という学問的な関心の方がむしろ強かったのではないでしょうか。もっともここで用いられた西洋文法は名詞に六つの格を認める、伝統的なラテン語流の文法の枠組みそのままですので、中国語はもちろん英語に対しても無理のあるものです。大槻も序文で「牽強《けんきょう》に出でたる者或《あるい》はあらむ」とその欠点を認めています。それでも、「各般の言類を一一分解論究」する点は漢文の従来の説明のしかたより優れており、「後来更に完全の文典を作るの基礎ともなるべき」と評価できるとするのです。西洋文法を東洋語に適用する際の得失を理解する上で大槻の参考になったと考えてよいでしょう。

六　洋学史・日欧交渉史への関心

大槻は言語に関わること以外でも、日本と西洋との関係に関心を寄せていました。祖父の旧蔵書や遺品と親しく接していて、江戸時代の洋学の継承者という自負も持っていました。洋学者の業績を紹介する文章をいくつか著しています。一九一一年には青木昆陽を顕彰する運動に賛同して、目黒不動尊境内に建てられた顕彰碑の碑文を撰しました。青木昆陽は甘藷先生としてサツマイモの栽培を普及したことで知られていますが、将軍徳川吉宗の命を受けてオランダ語を学び、蘭学の基礎を築いた人物でもあります。祖父の学問の源流という縁から撰文を引き受けたのです。

洋学史への関心はさらに広く日欧交渉史につながります。一つのトピックは、伊達政宗が支倉常長らをローマに派遣した慶長遣欧使節で、大槻の別の関心のテーマである仙台とも、また父祖の業績とも跨るものです。大槻は一八七七年に「伊達政宗ガ遣欧使ノ記事」を『洋洋社談』誌二六号に発表しました。これには次のような背景があります。そもそも慶長遣欧使節の事績は、一八七三年に岩倉使節団がローマでその存在を教えられるまで、日本ではほとんど忘れられていました。一八七六年に明治天皇が東北を巡行した際に将来品など関係資料が展示されたことで、広く話題になったのでした。

その翌年の「伊達政宗ガ遣欧使ノ記事」で明かされるのは、一八一二年に祖父玄沢が藩主から慶長遣欧使節とその将来品の調査を命じられていたという事実です。しかも、その記録『金城秘韞《きんじょうひうん》』は「今吾家に存せり」、そこで「此を抄略して世の考証の欠を補はんとす」と言うのです。この記事はわずか四ページほどの短い紹介でしたが、大槻は祖父が遺した記録を世に出す機会を待ちました。一八九〇年に「金城秘韞（仙台黄門遣羅馬使記事）」の題で解説を付して雑誌に発表し（大槻 一八九〇）、のち一九〇二年に自身の文集『復軒雑纂』に再録することになりました。

なお、大槻は仙台藩の歴史に関連する資料集や論考などを編纂・著述したほか、仙台の文化事業に協力もしますが、その中で慶長遣欧使節は大きな関心事の一つでした。『言海』の完成後に宮城県尋常中学校（のち宮城県立仙台第一中学校、戦後に宮城県仙台第一高等学校）の初代校長として仙台に赴任し、一八九四年には、「支倉六右衛門墳墓考」を著して、不明だった支倉常長の墓所を仙台市北山の光明寺に比定しました。のちには光明寺に建てられた「支倉六右衛門之碑」を撰文もします。もっとも、支倉の墓の所在に関しては異論も出されています。

もう一つの日欧交渉史への関心の現れは、新井白石の著述の刊行です。一八八一年、大槻は兄如電らと白石社を創設し、翌年にかけて新井白石の『采覧異言《さいらんいげん》』と『西洋紀聞』を校訂刊行しました。一七〇八年にキリスト教布教のために屋久島に潜入したイタリア人宣教師シドッチの取り調べから得た知識をもとに新井白石がまとめた、世界地理やキリスト教の教養などを書き記したものです。前者は広く読まれ、のちに蘭学・洋学が発展する基礎となりましたが、後者は江戸時代には流通は限

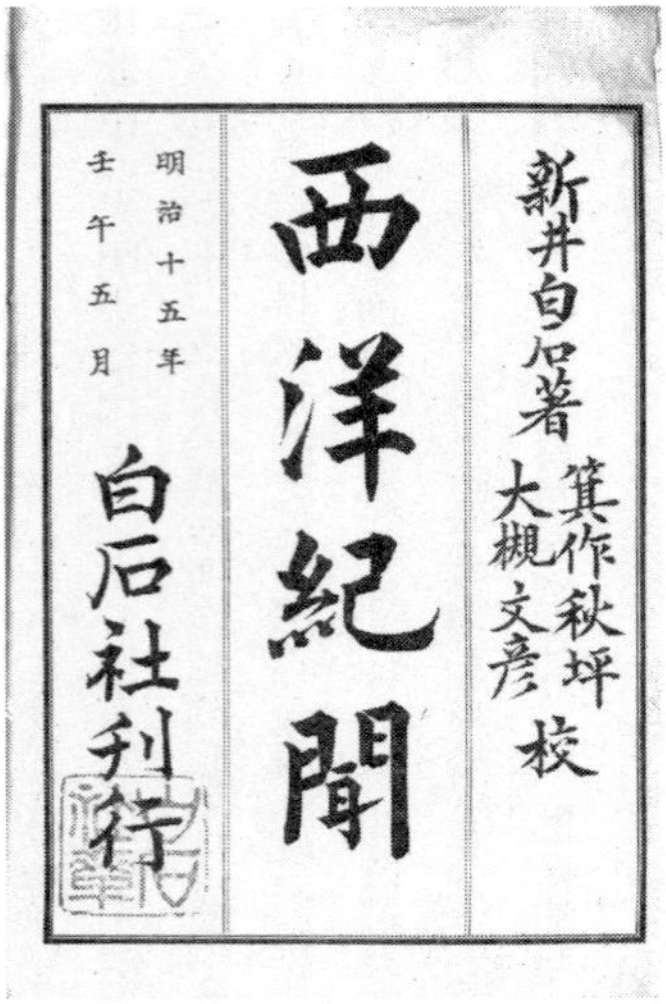

【図6】『西洋紀聞』見返し（筆者蔵）

られていました。その歴史的な意義を認めて、大槻が中心となって白石の自筆本をもとに校訂し、初めて公刊したのです。『西洋紀聞』の緒言には、「現時より見れば事は陳腐に属しつれども今はたゞ始めて海外の事を談話の間に聞き得てかくまでに書き取りたる識見の跡を称して観るべし」とあります【図6】。のちに『新井白石全集』が編集されて第四巻（一九〇六）に『西洋紀聞』が収録されるにあたっても、大槻版の本文が基になりましたし、成立の経緯についての説明は大槻版の「凡例」からの長い引用文に委ねられています。

この事業が吉野作造に影響を与えたことにも触れましょう。吉野は古川（現大崎市）の出身で、大槻が初代校長を務める宮城県尋常中学校に入学しました。古川から仙台に進学する吉野に郷土の人々は『言海』を贈って携えさせたというエピソードも伝わります。大正デモクラシーの旗手として知られる吉野は政治学者ですから、大槻の専門分野での弟子ではありません。しかし、『言海』の著者大槻校長を大いに尊敬しており、その縁を終生大事にしました。吉野は大槻校長から受けた薫陶として、林子平を紹介して生徒に世界に目を向けるよう教えてくれたことがあったのを印象深く回想しています。のちには、大槻の喜寿の祝いに木彫の胸像を贈る教え子たちの取りまとめも務めました。

日欧交渉史は吉野自身にとっても関心を寄せるテーマとなりましたが、一九二二年に「新井白石とヨワン・シローテ」を執筆しています。吉野は大槻版から序文を引用するなどして初めての公刊の意義を強調しています。翌一九二三年には吉野は仙台一中学友会の『創立三十年記念号』のために寄稿を依頼されて、初代校長大槻にちなむとして「西洋人の日本語研究」を執筆します。同時期に別に「ドンケル・クルチウス日本文典を主題として」という論考も執筆して『中央公論』に発表しますが、ここでも大槻にも言及しています（後藤 二〇一六）。日本語研究というテーマは吉野としては珍しい選択であり、吉野の大槻への傾倒をうかがうことができます。

七　英文での著述？

上で見たように、大槻の手になる英語から日本語への翻訳文は、未刊行のものを含めれば、それなりの数があります。一方で、確実に大槻が英語で執筆したと断定できる文章は確認することができません。ただし、大槻の名義で公表された英文は存在しています。いずれも、地元のことを英語でも発信しようという旧仙台藩関係者の仕事に、大槻が執筆担当として加わった刊行物です。

一八九九年に大槻の執筆で刊行された小冊子『松島遊覧の栞』の発行に際しては、同時に“Guide to Matsushima”と題する英語版も出されました。日本語版の本文は十一ページ、英語版では八ページですから、充実した内容とまでは言えませんが、長くはない文章の中で松島の美を讃え、地理や歴史の情報を提供して、旅行者を誘おうとしています。英語版の表紙もちょっとしゃれています。発行者は大童信太夫、つまり一八六七年に大槻を京都に連れて行った旧仙台藩重臣です。前書きや後書きはなく、そもそもの発行の経緯も英訳の事情も特に書いてありません。外国人観光客誘致のために松島パークホテルが開業するのは一九一三年（一九六九年焼失、解体）ですから十数年もそれに先んじていたことになります。この地方の英文の観光案内としてパイオニア的な仕事と言えますが、実際にどのように活用されたのでしょうか【図7】。

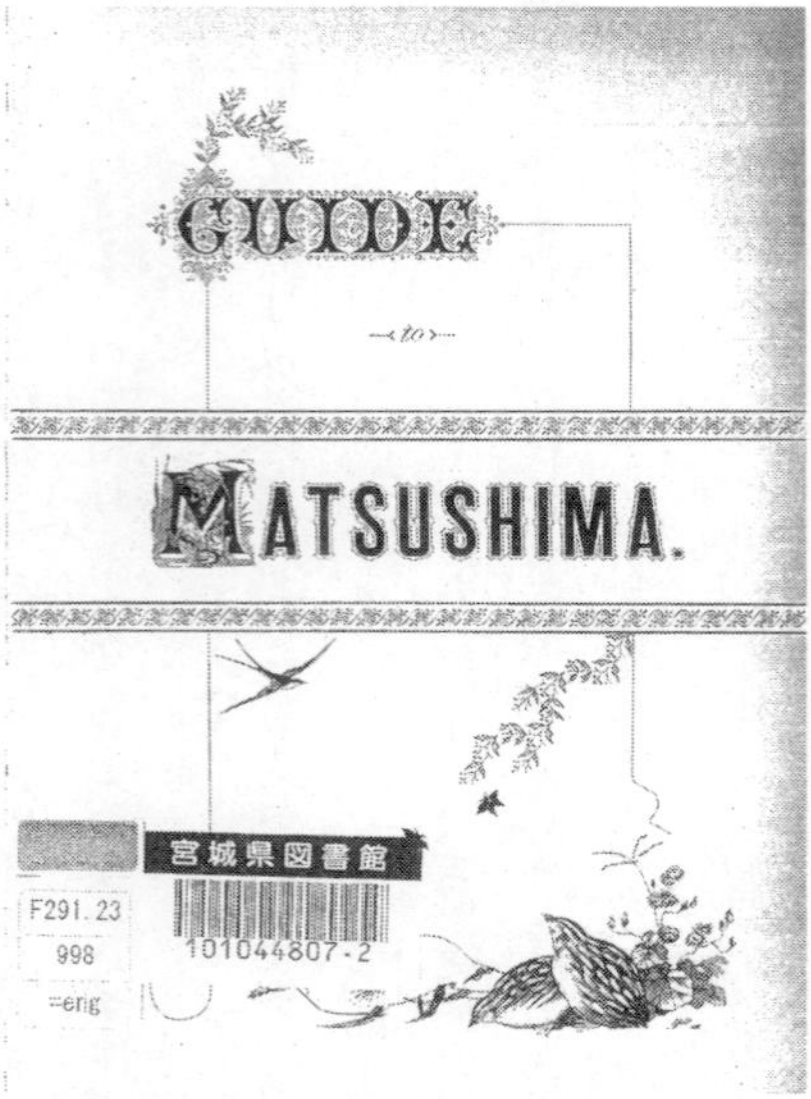

【図7】“Guide to Matsushima” 表紙
（宮城県図書館蔵）

もう一つ、『伊達政宗南蛮通信事略』（一九〇一年、一九〇八年再版）に“A brief acount of the communication of Date Masamune with the southern barbarians”とと題する英訳が付されています。この発行者も伊達家に所縁のある作並清亮という人物です。慶長遣欧使節は上述の通り大槻にとって思い入れのあるトピックで、後書きに「記中の事実は、悉《ことごと》く、中外の諸旧記に拠りしものにて、皆、出典あれど、今、一々引用書名を挙げず、委《くわ》しくは、別に、余が仙台黄門南蛮通信録にありて、近日出版せむの心あれば…」と翌年の『復軒雑纂』への再録を予告しています。英訳は十三ページの量で、後書きに「別に英文に訳せるもの、一部、之に添へり」と簡潔に触れているだけです。

それぞれ、本文の冒頭部分を少しづつ読んでみましょう。

松島湾は陸前国宮城郡の東海岸にありて東南太平洋に向ふ此湾北緯三十八度二十一分 緑威《グリーンキツチ》東経百四十一度五分の辺にあり

湾の位置の大勢を言はん宮城郡の中央東海に突出したるを花淵崎《ハナブチサキ》とし同郡の北隣なる桃生《モノフ》郡の西端の南海に突出したるを東名崎《トウナサキ》とし相距《へだつ》ること十里許《ばかり》にして此南北両岬相対して内に松島湾を抱きて湾口東南に向ふ此湾口に宮戸島《ミヤトシマ》、寒風沢《サブサワ》、野々島《ノヽシマ》、桂島《カツラシマ》、馬放島《マハナシシマ》等大小の島々相連なりて湾の内外の屏障《へいしょう》となる湾内の西隅は塩釜浦にして北隅に松島あり

（『松島遊覧の栞』）

The famed Bay of Matsushima is situated on the coast of the province of Rikuzen. It is an inlet of the Pacific, lying between the tow headlands of Tônazaki on the north and Hanabuchi-zaki on the south. An irregular line of rocky islets extending between the two promontories serves to shut out the mighty Pacific, and to give the inland sea the placidity of a mountains lake. Miyako-jima, Sabusawa, Katsura-shima, and Mahanashi-jima are the best known of these islands. At the western extremity of the bay is the seaport town of Shiogama, and on the north coast is the town, or rather village, of Matsushima which has given its name to the whole vicinity.

(“Guide to Matsushima”)

仙台黄門伊達政宗、慶長の末年、南蛮を征略せむの志を起せり、政宗の詩文集に、左の一詩を載ふ

邪法迷邦唱不終、欲征蛮国未成功、図南鵬翼何時奮、久待扶揺万里風、
嘗欲征南蛮作此詩

(『伊達政宗南蛮通信事略』)

In the last years of Keich ▪ , Date Masamune, K ▪ mon of Sendai, started the intention to conquer the Southern Barbarians. In a collection of his works, we read the subjoind piece: ——

False religion propagetes itself,
Leading our dear country astray.
Bent upon conquering the Southern Barbarians,
And still unable to reap success;
When can mighty rukhs' Wing
Sweep over the Great South?
Long, long awaits he the hour to come,
Riding on storm thousands and thousands of miles
(Composed on occasion as I intended to conquer the Southern Barbarians.)
("A brief acount of the communication of Date Masamune with the southern barbarians")

英文と日本語原文とを比較してみると、英訳は直訳ではなく、英文として読めるこなれた文章になっています。日本文の詳しい記述を省略して訳している部分がある一方で、予備知識のない人に分かりにくい部分では説明を補って翻訳しているようです。伊達政宗の漢詩の翻訳にも凝っています。英文の内容について責任をもって判断を下せる人が細かい判断をしながら訳したように見えます。

翻訳者の名前が明記されていないことから、発行の形式上は、日本語原文の筆者である大槻が英訳部分の文責も担うという形態になっています。図書館の書誌データとしてはそのような扱いを受けることになります。『伊達政宗南蛮通信事略』の後書きの簡潔な書き方も、自分で翻訳したようにも受け取れます。ただ、実際にはどうでしょうか。大槻には他に英文を公にした形跡はないので、急にこの時期にこれらの英文を本人が翻訳したと断定することはためらわれます。

日本人にせよ、外国人にせよ、学識を備えた人物が翻訳が関わったことは明らかです。もっとも、塩釜の記述の中で、旧藩主の書院「勝画楼《しょうがろう》」をShôkwarôとし、林子平をRin Shiheiとするなど、固有名詞の翻字が不確かなのは、不審です。相当の人物に翻訳を依頼したのだとすれば、無記名にしていることも不思議です。ただ、翻訳者を明記していないことから、翻訳をだれかに依頼したのだとしても、英文の部分も含めて大槻が自分の文責において世に送り出したことには間違いありません。少なくとも大槻が英訳文を読んだ上でゴーサインを出すことはしたと考えておいてよいのではないでしょうか。

八　まとめ

ここでは、大槻の活動を洋学という観点から見直してみました。大槻は幕末の微妙な時期に自らの行動力で実践的な英語力を身に着けました。海外経験はありませんが、それに匹敵するような経験を積んだとも言えます。

『言海』や『日本広文典』に代表される大槻の国語学は、洋学修業や翻訳活動との関係の中で、つまり大槻のハイブリッドは知的活動の中で、成立したと言うことができます。大槻の洋学に関連した活動は予想外に広いものでした。彼の知的関心は国語辞典と文法の編纂を中心としながらも多方面にわたっており、実はマルチ人間だったのです。大槻の洋学者としての側面を見ることで、その知的活動の広がりの一端を捉えることにつながります。

付記

引用にあたっては、読みやすさを考慮して、漢字旧字体・異体字を新字体に、変体仮名を現用字体に、カタカナをひらがなに改め、必要に応じてルビを付しました。

付記二

本稿の脱稿後に次の二点の書籍が出版されました。大槻と『言海』をそれぞれの観点から詳しく分析した研究書であり、『言海』に対する学問的な関心の高さを物語るものです。

今野真二・小野春菜（二〇一八）『言海の研究』武蔵野書院。

安田敏朗（二〇一八）『大槻文彦『言海』　辞書と日本の近代』慶應義塾大学出版会。

謝辞

宮城県図書館には貴重資料である『亜非利加誌』の閲覧、写真撮影・掲載、ならびに『支那文典』および"Guide to Matsushima"の画像掲載を許可していただきました。あつく御礼申し上げます。

参考文献

阿曽沼要（二〇〇五）『大槻三賢人』高橋印刷。

一関市博物館編（二〇〇〇）『はるかなるヨーロッパ 蘭学者大槻玄沢の世界認識』一関市博物館。

一関市博物館編（二〇〇四）『大槻磐渓　東北を動かした右文左武の人』一関市博物館。

一関市博物館編（二〇〇七）『GENTAKU　近代科学の扉を開いた人』一関市博物館。

一関市博物館編（二〇一一）『ことばの海　国語学者大槻文彦の足跡』一関市博物館。

犬飼守薫（一九八一）「辞書と国語教育　大槻文彦の隠れたる業績」『解釈』二七：五、五八―六二ページ。

犬飼守薫（一九九九）『近代辞書編纂史の基礎的研究『大言海』への道』風間書房。

袁広泉（二〇一三）「明治期における日中間文法学の交流」 石川禎浩・狭間直樹編『近代東アジアにおける翻訳概念の展開』京都大学人文科学研究所、一一九―一四一ページ。

大島英介（二〇〇八）『遂げずばやまじ 日本の近代化に尽くした大槻三賢人』岩手日報社。

大槻玄沢 大槻文彦補綴（一八九〇）「金城秘韞（仙台黄門遣羅馬使記事）」『文』四：一、二十六―三九ページ、四：二、九九―一〇四ページ。

大槻文彦（一九〇二）『復軒雑纂』広文堂書店。

大槻文彦（一九一七）「仙台藩挙兵の懐旧談」『日本及日本人』七一八号、八一―八四ページ。

大槻文彦（一九三八）『復軒旅日記』冨山房。

倉島長正（二〇〇三）『日本語一〇〇年の鼓動 日本人なら知っておきたい国語辞典誕生のいきさつ』小学館。

倉島長正（二〇一〇）『国語辞書一〇〇年 日本語をつかまえようと苦闘した人々の物語』おうふう。

「言海」刊行百周年記念事業実行委員会編（一九九二）『大槻文彦 言海と一関』一関市教育委員会。

小岩弘明（一九九八）「大槻文彦における著述傾向の推移」『一関市博物館研究報告』一、一七―二六ページ。

小岩弘明（一九九九）「大槻家旧蔵資料考 ―展覧会出品目録を中心として―『一関市博物館研究報告』二、

三五―四三ページ。

小岩弘明（二〇〇八）「大槻文彦の英学修業と戊辰戦争　―その青年期を再検証する―」『一関市博物館研究報告』一一、四一―六〇ページ。

小岩弘明（二〇一二）「青年校長大槻文彦　―宮城師範学校創設のころ―」『一関市博物館研究報告』一五、六五―七六ページ。

小岩弘明（二〇一四）「大槻文彦自筆履歴書　―大槻家寄贈資料から―」『一関市博物館研究報告』一七、五一―六二ページ。

後藤斉（二〇一六）「西洋人日本語研究に関する吉野作造の論考」『東北大学言語学論集』二四、一一―一四ページ。

今野真二（二〇一三）『『言海』と明治の日本語』港の人。

今野真二（二〇一四）『「言海」を読む　ことばの海と明治の日本語』ＫＡＤＯＫＡＷＡ。

斉木美知世・鷲尾龍一（二〇一二）『日本文法の系譜学　国語学史と言語学史の接点』開拓社。

斉木美知世・鷲尾龍一（二〇一四）『国語学史の近代と現代　研究史の空白を埋める試み』開拓社。

サンキュータツオ（二〇一六）『学校では教えてくれない！　国語辞典の遊び方』角川文庫。

高田宏（一九七八）『言葉の海へ』新潮社（のち岩波書店、一九九八．洋泉社、二〇〇七．新潮文庫、二〇一八）。

田澤耕（二〇一四）『〈辞書屋〉列伝　言葉に憑かれた人びと』中公新書。

永島道男（二〇一七）『言葉の大海へ　『大言海』を愉しむ』文芸社。

長沼美香子（二〇一七）『訳された近代　文部省『百科全書』の翻訳学』法政大学出版局。

永野賢（一九九一）『文法研究史と文法教育』明治書院。

早川勇（二〇〇七）『ウェブスター辞書と明治の知識人』春風社。

三浦しをん（二〇一一）『舟を編む』光文社。

安田敏朗（二〇〇六）『辞書の政治学　ことばの規範とはなにか』平凡社。

山田俊雄編（一九八〇）『図録　日本辞書　言海』大修館書店。

湯浅茂雄（二〇一六）「大槻文彦」『日本語学』四（特集　人物でたどる日本語学史）、八八―九一ページ。

ロウビンズ、RH　中村完・後藤斉訳（一九九二）『言語学史　第三版』研究社出版。

心理学の誕生——心理学史と交差する東北大学史——

阿部恒之

4

心理学の誕生
——心理学史と交差する東北大学史——

阿部恒之

　東北大学大学院文学研究科の心理学研究室の実験室には、脳波や心電図を記録するポリグラフがあります。また、唾液中コルチゾール濃度を測る高速液体クロマトグラフィーという装置があり、そのために用いる試薬やメスシリンダーが並んでいます。この風景を見れば、理系の実験室のようです。その一方で、書棚には哲学事典やラテン語辞典、あるいは法律用語の英語辞典などが並んでいます。必要に迫られて、図書館から一九世紀の古い書籍や、プラトンのギリシャ語—英語の対訳本を借りてきたこともあります。本棚の風景や、古典を参照するスタンスは、文系的な匂いがします。心理学は確かに理系的ではありますが、文系的な要素もあり、理系・文系のハイブリッド学問だと言いたいところです。とはいえ、実験室の風景をみれば、やはり理系的な要素のほうが強いように思えます。本当はどうなのでしょうか。

この本棚から英和辞典を取り出し、ハイブリッド（hybrid）を引いてみました。するとその第一義にこう書いてありました。「名詞／〔生〕（動・植物の）交配種、雑種（cross-breed）、混血児、混成物、他の機械の部品を使った機械」そして例文に使われていたのは、「ラバは馬とロバの交配種である」でした（ジーニアス英和・第4版）。英英辞典を引くと、語源はラテン語の hybrida あるいは hibrida であり、一五九五〜一六〇五年に英語に導入された言葉だとありました（Random House Webster's College Dictionary 1991）。hybrida というラテン語の語源の綴りがわかったので、ラテン語の辞書を開いて hybrida を引きました。すると短く、「混血児」とだけ書いてありました（研究社・羅和辞典 二〇〇五）。

ふつう、ハイブリッドと言うと、トヨタ・プリウスなどのガソリンエンジンと電気モーターの両方を使った燃費の良い自動車のことを思い出すのではないでしょうか。英語辞書の例文に出てきたラバは、雄ロバと雌馬との間の雑種で、強健で耐久力が強い、粗食に堪える、調教しやすいなど、親のロバ・馬よりも有益な性質をもった家畜です。つまりハイブリッドとは、二つを混ぜて良いものを生み出す、良いとこ取りのことだと理解できます。心理学は文系と理系のハイブリッドだと主張することは、文理の良いとこ取りをした学問だと主張することになります。

以降、ハイブリッドをキーワードにして、いくつかの話題を記させていただきます。心理学の生い立ち、東北大学における心理学の事始め、そして心理学の研究事例。心理学は、果たして文理ハイブリッドの学問なのか、見極めていただければ幸いです。

一．心理学の祖・ヴントとジェームズ

心理学は、比較的新しい学問です。元々は哲学の一領域で、そこから分家したのが一九世紀の後半です。心理学の開祖は誰かと問われれば、W・M・ヴント（Wundt）の名前を挙げるのが一般的です。しかし、W・ジェームズ（James）の名が挙がることもあります。

ジェームズは一八四二年にニューヨークに生まれました。ハーバード大学の医学部を一八七二年に卒業し、そのまま同大学の自然史学科に生理学講師の職を得て、学部生に生理学と衛生学を講義しました。彼は医学よりも心理学と哲学に強く惹かれていたので、当時空席だった哲学科の職を熱望したものの、健康状態がそれを許さなかったと言います。しかし一八七六年、生理心理学講座開設を提案し、心理学研究室を立ち上げました。のちにこの講座は哲学科となり、哲学助教授（一八八〇）、哲学教授（一八八五）を経て、一八八九年に心理学教授となりました。一八九七年には再び哲学教授となり、一九一〇年に永眠しました（Dunlap 1922）。

一方、ヴントはジェームズよりも十年早い、一八三二年にドイツ南部のバーデンで誕生しました。チュービンゲン大学・ハイデルベルク大学・ベルリン大学で医学を修めました。ベルリン大学では、

ヨハネス・ミュラーから実験生理学を学び、大きな影響を受けたと言います。一八五六年ハイデルベルク大学の生理学講師、一八七四年チューリッヒ大学の哲学教授を経て、一八七五年にドイツのライプツィヒ大学の哲学教授となって、そこで研究活動を全うし、一九二〇年に没しました（下山 二〇一四）。

一八七九年、ヴントの心理学実験室がスタートしました。公式の開設年は一八八三年になってからとのことだそうですが、実験室と学生・授業が揃った一八七九年が心理学の事始めだと言えるでしょう。一八八一年にはその成果を発信する『哲学研究』を創刊し、次々にその成果を発信していきました（佐藤 二〇〇二・一二頁）。そして一九〇六年、この研究誌は誌名を『心理学研究』に改称し、名実ともに、心理学を哲学から独立した学問として確立しました。ヴントは近代の自然科学の強い影響を受け、心理学を哲学から分離して、科学として樹立しようとしたのです。

さて、ジェームズの心理学研究室開設は一八七六年であり、ヴントが心理学実験室を開設した一八七九年に先んじます。しかも、ジェームズ＝ランゲ説（後述）によって現在の心理学にも影響を与え続けるなど、ジェームズが心理学にもたらした貢献は多大なものがあります。しかし現在、一八七九年のヴントの心理学研究室開設をもって、心理学の始まりとする見方のほうが優勢なようです。その理由としては、心理学の黎明期においてはドイツの心理学が盛んであり、ヴントの研究室に世界中から留学生が集って、その後の心理学の発展に大きく寄与したということが挙げられるでしょう。

ジェームズが哲学教授から心理学教授になりながら、その後再び哲学教授に戻ってしまったことも影響しているかもしれません。そしてもしかしたら、ヴントが『哲学研究』という研究誌の誌名を、『心理学研究』に変更し、哲学から心理学への脱皮を明示的に行ったという貢献も加味されているかもしれません。

いずれにせよ、心理学の父と目される二人とも、生理学を修めたのちに哲学者となり、そこから心理学者へと転身しました。心理学はその誕生の時から、生理学と哲学、いわば理系と文系のハイブリッドだったのです。

二　ヴントと千葉胤成

実は、ヴントと東北大学の心理学研究室の間には、浅からぬ因縁があります。東北大学の心理学研究室の開祖は、千葉《ちば》胤成《たねなり》です。胤成は一八八四年宮城県登米郡石越町生まれ、仙台の旧制第二高等学校の出身です。一九〇九年に、京都帝国大学文科大学哲学科心理学専攻の第一期生として卒業後、大学院に進みました。卒論は、「信仰の心理学的研究」でした（だいぶ後の一九二二年に受理された博士論文の題目は「心理学の対象」）。京都帝国大学文科大学副手、臨済宗大学講師を経て、一九一三年、京都帝国大学文科大学講師となり、真宗大谷大学講師を兼務しました。

卒論のテーマといい、宗教との親和性を感じます。一九一七年には京都帝国大学の助教授になり、ヴントが没した一九二〇年にライプツィヒ大学に留学しました（大泉 二〇〇三年）。

ヴントは膨大な書籍を残しました。死蔵するにはもったいない知的財産です。書籍の買い過ぎが残された家族の生活に及ぼした影響も推して知るべしです。遺族は、膨大な書籍をまとめて購入し、きちんと保管・利用してくれる機関を探していました。胤成は、講師をしている大谷大学のために、そのヴント文庫を購入すべく、一九二一年五月二日、ライプツィヒのグロスボーテン（Großbothen）に故・ヴントの奥様を訪ねました。

まるで見てきたような書きぶりです。なぜかというと、心理学研究室に代々伝わる「大福帳」という行事記録簿に、胤成自らの筆で、このときの顛末が書き残されているからです。題して「ヴント文庫物語」。【図1】に示したように、イラストがふんだんにちりばめられた、一種の絵巻物です（ちなみに大福帳は今も書き続けられ、研究室に行事があるたびに、毛筆（今は筆ペン）で記録を残すしきたりが継承されています）。

さて、ライプツィヒ在留二年目のある日、胤成の元に、日本から電報が届きました。東北大学に新設される法文学部の心理学講座教授に就任して欲しいというお便りでした（就任は一九二三年）。胤成は方針変更。ヴント文庫は東北大学のために入手することにしました。一九二二年三月二八日には交渉窓口のローレンツ書店を訪ねています。店主は、米国のエール大学やハーバード大学などが購

【図 1】心理学研究室に伝わる大福帳の冒頭に描かれた「ヴント文庫物語」

入に乗り出していると言って、四大学からの電報を見せました。それを見た胤成は、「何とかして己が大学のものにしたしと決心！」と大書するほどの決意をしました。

のらりくらりと言葉を濁して販売を渋る書店の主から、一九二二年四月一〇日、ついに二万円という価格を引き出し、売る気にさせることに成功しました。今のお金にするといくらかは難しいところですが、日本銀行が公表している企業物価指数を使って計算してみます。残念ながら一九二二年のデータはないので、一番近い、一九三四〜一九三六年のデータを参照しました。この期間の平均物価を一とした場合、二〇一七年における消費財・生産財の平均物価指数は七六九・三です（日本銀行時系列統計データ検索サイトより）。ということは、二万円×七六九・三＝一五三八万六〇〇〇円。一九二二年から一九三四〜一九三六年までの変動を加味すれば、二〇〇〇万円以上になりそうです。一つのデータだけに頼るのは間違いのもとですから、違う角度からの計算もしてみます。一九二五年の東北帝大教授（八等）の年間俸給が約二〇〇〇円（助手は約八四〇円）だったというデータから迫ってみます（東北大学学術資源研究公開センター史料館 二〇一六）、当時の教授が高給取りで、今の年収二〇〇〇万円クラスだとすると、当時の二万円は今の二億円。いや、大学教授がそんな高給のはずはありません。現在の年収で五〇〇万円クラスと仮定すれば五〇〇〇万円。以上のデータから幅を持って推定すると、二〇〇〇万円～一億円の間に収まりそうな気がします。

いずれにせよ、胤成にこんな大金のあてはありません。しかし胤成の決意は揺らぎません。留学仲間の朝永氏（後述）に大谷大学に赦しを乞う手紙を、東北大学関係者の佐武氏（後述）・佐藤氏に根回しの手紙を書きます。その文面にはこうしたためられていました。「金は一時の廻りもの。書庫は千載の寶！」。豪胆です。

五月二六日には、ドイツ滞在中の小山・藤岡・錦田・中村の四氏と連名で、「ヴント文庫買った。金送れ」と（おそらく東北大に）打電しました。お金のあてがないのにモノを買う…英断というよりも、蛮勇・暴挙です。しかしその蛮勇のおかげで、最終的には、世界のライバルを出し抜いて、ヴントの全蔵書の六割を東北大にもたらすことができました。一九二三年になって、斎藤報恩会という、できたばかりの研究助成団体が寄付金を出してくださったおかげです。寄付金額は、ローレンツ書店が当初言っていた二万円より高く、二万五〇〇〇円だったそうです（東北大学学術資源研究公開センター史料館 二〇一六）。

ところで、斎藤報恩会が財団法人として認可されたのは一九二三年二月二〇日です。しかし、一九二二年度の事業報告書に、「ヴント文庫ヲ購入シ東北帝国大学法文学部ノ研究資料トシテ同大学ニ寄附シタリ」と書かれています。ということは、一九二三年二月二〇日から三月三一日までの約一か月の間に、緊急措置されたことになります（米澤 二〇一七）。斎藤報恩会の英断に、深い敬意と恩義を感じます。大変残念ながら、斎藤報恩会の公益事業は、二〇一五年の三月末をもって終了してしまいました。しかし、東北大学附属図書館本館二号館に収蔵されている、製本済みの雑誌を含む単行書六七六二冊と抜刷などの小冊子類九〇九八冊、計一万五八四〇冊にのぼるヴント文庫は、斎藤報恩会の功績として、末永く保存されることでしょう。

三　謎のマーク3300

大福帳には、胤成の筆で、【図2】のような謎のマークが描かれています。特にその数字「3300」がわからず、私が学生のころから研究室の謎とされてきました。この謎を解いたら何でもご馳走してやると豪語する先輩がいたくらいです。ヴント文庫のドイツ通貨による価格ではないか、いや、胤成は実はフリーメイソンで、その会員番号ではないか等々、珍妙な説が飛び交ったものです。

二〇一五年六月一七日、学生を連れて図書館のヴント文庫を見学したとき、ついにその謎が解明さ

【図3】『心理学研究』の受け入れ番号スタンプにある3300

【図2】大福帳に描かれた謎の数字・3300

れました。あのマークは、ヴント文庫の書籍に押されたスタンプであり、その意匠は、寄付をしてくれた斎藤報恩会のロゴマークだったのです。そして、あの「３３００」は、ヴント文庫の書籍一つひとつに付された受入番号でした。

こうして意気揚々と周囲に手柄を吹聴していましたが、のちに我が恩師・丸山欣哉先生の書かれた「成立期の東北大学文学部心理学研究室」という論文（一九九九）を拝読したら、あのマークがヴント文庫すべてに押されている寄贈印の筆書きだと明記されていました。まるで、お釈迦さまと孫悟空です。胤成が代々続いた医師の家系の出身であり、旧制第二高校の前に宮城県尋常中学校を出ていたこともわかりました。宮城県尋常中学校は、今の仙台第一高等学校、通称・仙台一高であり、丸山先生の母校でもあります。法文学部の授業は一九二二年四月から始まりましたが、心理学の授業は胤成がドイツから帰って着任した六月以降の可能性が高いことも、その論文で知りました。なお、丸山先生は「先生」なのに、胤成を呼び捨てにするのは、丸山先生が今なお、そして生涯の私の師匠なのに対し、胤成は私にとって歴史上の偉人であり、夏目漱石を「漱石」と書くようなものですのでご容赦ください。

ところで、私にも少々の手柄があります。それは、3300番という受入番号の書籍を突き止めたことです。その書籍とは、ヴントが『哲学研究』を改称した、『心理学研究』に振られた番号だったのです。

『心理学研究』の表紙には、こう記されています。「心理学研究――哲学研究の新規継承誌（Psychologische Studien: neue Folge der philosophischen Studien)」…哲学から心理学を独立させ、新たな学問として確立しようとしたヴント。胤成は受入番号スタンプの意匠で斎藤報恩会への感謝を表し、それを模写する際、心理学誌誕生の記念碑となる受入番号3300を、確信的に、誇りをもって記したのだと想像します。心理学の研究誌は、ここから始まったのだと。この顛末は、基礎心理学研究という学術誌に書かせていただきました（阿部 二〇一六）。

なお胤成は、一九三三年、ヴントの『心理学研究』に遅れること二十七年、本邦初となる欧文（英・独）の心理学誌“Tohoku Psychologica Folia”を発刊しました。この学術誌は、今も我が研究室が編集を継承し、我が研究室を中心とした日本の心理学の研究成果を、世界に向けて発信しています。

さて、3300の謎の解明を私一人の手柄のように書きましたが、実際は、附属図書館の須田さんの導きによるものでした。何でもご馳走してくれると言った先輩は、大昔の約束を守って、たっぷりご馳走してくれたことと共に、感謝して書き添えさせていただきます。

四　胤成と7人の日本人留学生

さて、千葉胤成については、さらに後日談があります。二〇一七年二月一日、附属図書館の吉植さんから電子メールが届きました。ご用件を要約するとこうなります。

「ドイツ・ライプツィヒのフーベルト・ラング（Hubert Lang）博士が、同じくライプツィヒに住んでいた昔のユダヤ人翻訳家、ビクトール・アルムハウス（Victor Armhaus）さん（一八五九―一九四二）のことを調べている。アルムハウスさんは日本人学生とも親密な交流があり、彼の七〇歳のお誕生日に、仙台から素敵な祝いの書簡が届いているという。ラングさんは、そこに署名された八名の日本人留学生の情報があったら教えて欲しいと言っている。その手紙の写真を添付したので、協力してもらいたい」

その、「素敵な誕生祝いの書簡」が【図4】です。なぜ私のところに問い合わせが来たかというと、その手紙の署名の最初の人物・書き手が心理学研究室ゆかりの人物だったからです。筆頭署名者は、Tanenari Chia…千葉胤成の書いた手紙でした。

我が研究室開祖のライプツィヒ時代の交友関係の探索依頼。いわば、胤成と七人の日本人の謎。

興味が湧かない道理がありません。テストの採点等をはじめ、年度末の仕事が溜まっていましたが、全てストップ。この謎に集中しました。心理学に関係する氏名は、心理学史の本（佐藤　二〇〇二）で調べました。出ていない人名のほとんどは、インターネットですぐに見つかりました。いずれも有名人だったのです。上から、千葉胤成、井上信夫、入澤宗寿、黒田源次、野上俊夫、佐武安太郎、友枝高彦、朝永三十郎だと思われます。黒田・野上は心理学者で、佐武は生理学者、入澤は教育学者、友枝は倫理学者、朝永は哲学者です。井上はあまり情報がありません。表にして詳細情報を付し、私の役割は完了です。

しかし、胤成が何を書いたか、手紙の内容が気になります。私の大学時代の第二外国語はドイツ語でした。昔取った杵柄で、ドイツ語の邦訳に挑戦です。手紙の日付は、一九三〇年八月一二日。仙台から発信されたようです。とても尊敬するアルムハウス様。宛名もわかります。さて本文は…残念ながら降参です。そもそも胤成の手書き文字が達筆すぎて、解読できないところがあります。ドイツ文学研究室の嶋崎啓教授にすがりつき、翻訳をお願いしました。すると翌日、電子メールが届きました。あっという間の早業で、翻訳が返ってきたのです。

内容は、ライプツィヒでお世話になったアルムハウスさんの七〇歳のお誕生日祝いに、八名でお金を出し合って、九〇〇ライヒス・マルクを送金しましたという送り状でした。このお金は、「ゴーゼ・ビールの歌集」とアルムハウスさんの「箴言集」の刊行に使ってほしいと書いてあるそうですが、そ

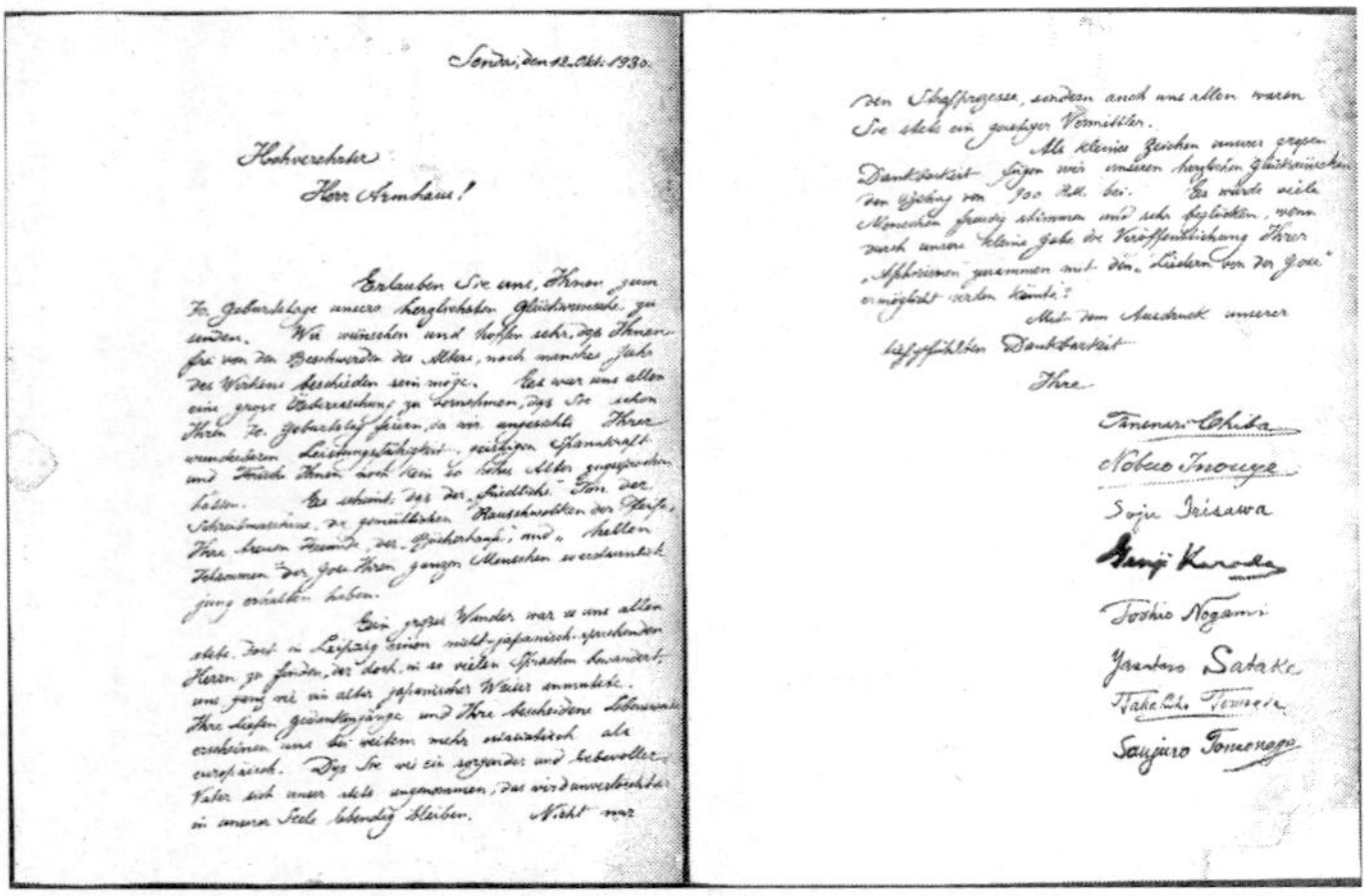

Sendai, den 12. Okt. 1930.

Hochverehrter
Herr Armhaus!

Erlauben Sie uns, Ihnen zum 70. Geburtstage unsere herzlichsten Glückwünsche zu senden. Wir wünschen und hoffen sehr, daß Ihnen frei von den Beschwerden des Alters, noch manches Jahr des Wirkens beschieden sein möge. Es war uns allen eine grosse Überraschung zu vernehmen, daß Sie schon Ihren 70. Geburtstag feiern, da wir angesichts Ihrer wunderbaren Leistungsfähigkeit, geistigen Spannkraft und Frische Ihnen noch kein so hohes Alter zugesprochen hätten. Es scheint, daß der „friedliche" Ton der Schreibmaschine, die gemütlichen „Rauchwolken der Pfeife," Ihre treuen Freunde, der „Bücherhaufe," und „… Ihren ganzen Menschen so erstaunlich jung erhalten haben.

Ein grosses Wunder war es uns allen stets, dort in Leipzig einen nicht-japanisch-sprechenden Herrn zu finden, der doch in so vielen Sprachen bewandert, uns ganz wie ein alter japanischer Weiser anmutete. Ihre tiefen Gedankengänge und Ihre bescheidene Lebensweise erscheinen uns bei weitem mehr asiatisch als europäisch. Daß Sie sich wie ein sorgender und liebevoller Vater sich unser stets angenommen, das wird unvergesslich in unserer Seele lebendig bleiben. Nicht nur

den Schaffprozess, sondern auch uns allen waren Sie stets ein gütiger Vermittler.

Als kleines Zeichen unserer großen Dankbarkeit fügen wir unseren herzlichen Glückwünschen eine Spende von 900 RM. bei. Es würde viele Menschen freudig stimmen und sehr beglücken, wenn durch unsere kleine Gabe die Veröffentlichung Ihrer „Aphorismen" zusammen mit den „Liedern von der …" ermöglicht werden könnte.

Mit dem Ausdruck unserer tiefgefühlten Dankbarkeit

Ihre

Tanenari Chiba
Nobuo Inouye
Soju Irisawa
Genji Kuroda
Toshio Nogami
Yasutaro Satake
Takahiko Tomoeda
Sanjuro Tomonaga

【図4】千葉胤成直筆の手紙

の和訳の行間からは、ビールとパイプの好きなアルムハウスさんの、酒代・煙草代の足しにして欲しいというウイットが漂ってきます。杉原千畝のユダヤ人救出行動（一九四〇年）の十年前、日本人留学生達とユダヤ人翻訳家の間で育まれた温かな交流がうかがえる歴史の一ページです。

さて、胤成と共同出資した七名のうち、佐武と朝永という苗字に見覚えがあるような気がしてきました。大福帳のヴント文庫物語を改めて熟読すると、そこに二人の名前が記されていました。ヴント文庫購入の時、東北大と大谷大学への根回しを頼んだ三人のうちの二人です。ライプツィヒの留学仲間を信頼して、交渉を依頼したのだと思われます。のちに知ったのですが、佐武安太郎は第八代東北大学総長を務めたほどの大物でした。胤成が根回しを頼むのも道理です。

なお、佐武安太郎には、さらなる後日譚があります。日本心理学会第八二回大会（二〇一八年一〇月二五〜二七日・仙台国際センター）において、法政大学の吉村浩一教授が、「東北大学の歴史遺産から日本の心理学史を考える」というシンポジウムを企画され、私も登壇させていただくことになりました。事前にあれこれと連絡を取り合う中で、佐武安太郎ではなく、佐武安三郎と書かれた記録（佐藤 二〇〇二）があることが話題になりました。すると奇遇なことに、吉村教授のところで事務助手をされていた稲垣一子さんというかたが、なんと佐武安太郎のお孫さんだったというのです。吉村教授は数年前に定年退職された稲垣一子さんに連絡し、安三郎問題をお尋ねくださいました。その結果、以下のことがわかりました。

・一子さんの叔父上（安太郎のご子息で九十二歳）によれば、安三郎の名前を使用したことはなく、戸籍上も安太郎である。

・ロシアのサンクトペテルブルグにあるパブロフ研究所には、佐武安太郎がパブロフに贈ったパブロフの肖像画（日本画）の掛け軸が飾ってある（安太郎はパブロフに師事して条件反射を学んだ生理学者（佐藤 二〇〇二））。

ドイツから舞い込んだ古い手紙のおかげで、ユダヤ人翻訳家と多彩な日本人ドイツ留学者たちの温かな交友と共に、胤成が大福帳にしたためた名前が活き活きと蘇りました。そしてパブロフまでもがその輪の一部をなしていたとは、想像を超えた展開に驚くばかりです。

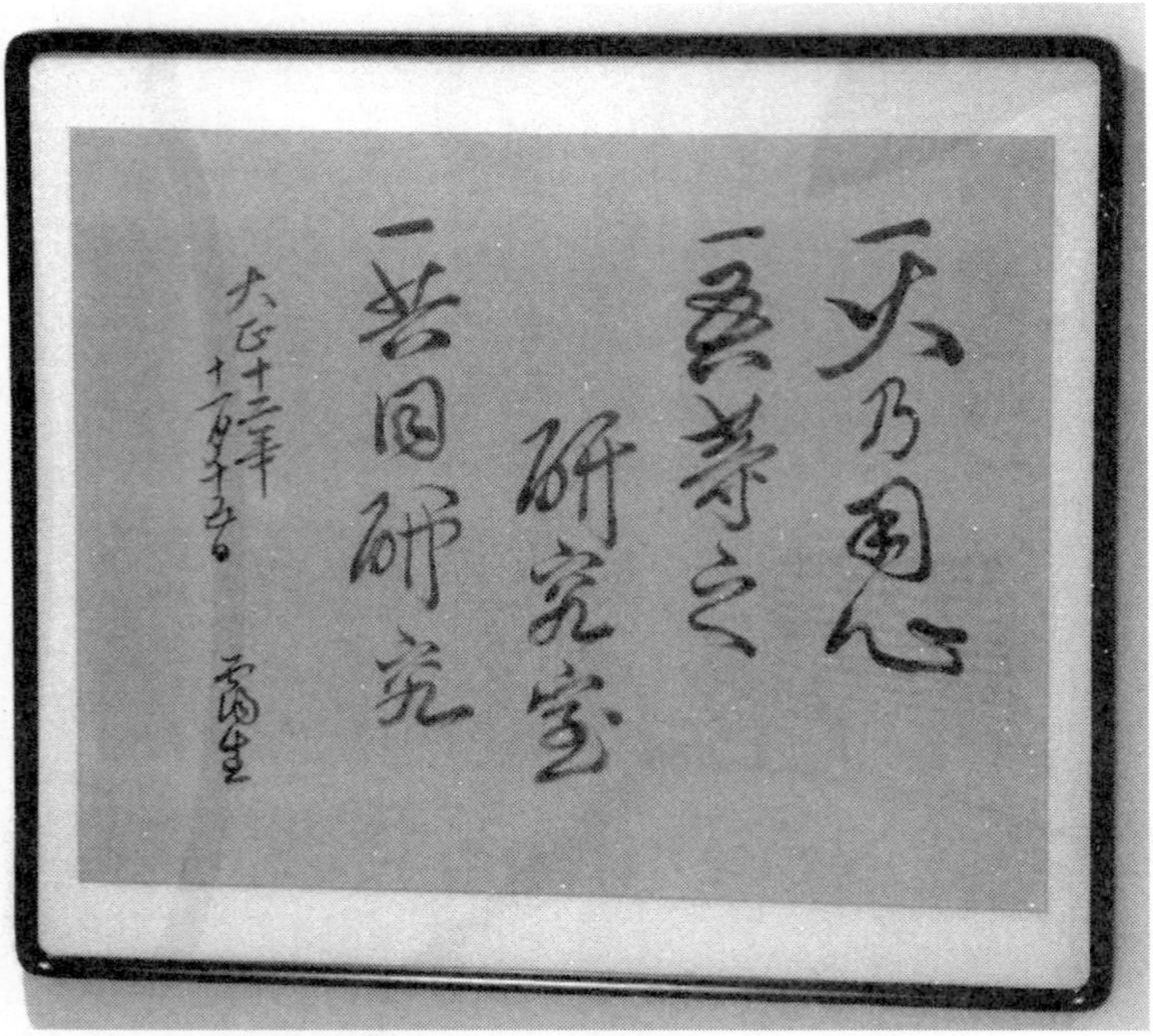

【図5】千葉胤成揮毫の心理学研究室の掟・「法三章」（口絵4）

さて、【図5】は、胤成（雅号・靄生《あいせい》）の手になる「法三章」です。今も研究室の入り口に掲げられています。「火の用心」「吾等之研究室」「共同研究」…胤成が定めた、心理学研究室の掟です。今も学生が研究室に配属された時、最初に説明するのが法三章です。法三章に書かれた日付の大正一二年一一月一五日は、仮研究室へ入居して、研究室の姿が明瞭になった記念日だそうです。しかし、実際に揮毫されたのは、一九六二～六三年頃、北村晴朗教授の依頼によるものです。また、靄生という号の意味は、「もやのごとし」。これらも、丸山先生の受け売りです

（丸山 一九九九）。

ところで、胤成は一九四〇年に東北帝国大学を辞して満州国に渡り、建国大学の教授となりました。一九四五年に帰国し、仙台市立第四中学校校長、宮城県教育研究所所長、新潟大学教授・教育学部長（一九四九年）、日本大学教授（一九五三〜一九六三年）、駒澤大学大学院教授（一九七〇年）を歴任し、一九七二年三月一八日、脳血栓のため八七歳でご逝去されました（大泉 二〇〇三）。ですから、胤成が法三章を揮毫したのは、日大教授の最後の頃だったということになります。

法三章をじっくり眺めると、ヴント文庫をめぐる胤成の大冒険、そして戦前のライプツィヒで交わされた温かな国際交流が浮かび上がってきます。雅号・靄生の「靄」は、靄靄（あいあい）と重ねて、ほんのりと暖かく包まれたさまをいいます（『漢字源』改訂第五版）。資料を探りながらあれこれ探るうちに、まさに靄靄としたお人柄で、学生たちに慕われていたことも伝わってきました。いつの間にか、歴史的偉人という見方から、つながりの深い、我が先生という気持ちになってきました。今後は親しみを込めて、胤成先生とお呼びすることにしたいと思います。

胤成先生を介して我が心理学研究室は、一九世紀末のライプツィヒに創立されたヴントの心理学研究室とつながっている。そう考えると、背筋の伸びる思いがします。

五　心理学と哲学――「私」の在処に対するアプローチの違い

心理学が、本家の哲学から分家した歴史の一端をご紹介させていただきましたが、そもそも哲学とは全ての学問の母体であり、古代ギリシャまで遡れば、数学者も生理学者も天文学者も、全て哲学者、すなわち知を愛する者だったわけです（哲学＝philosophy＝（philos・愛する）＋（sophia・知））。哲学と科学の歴史を俯瞰する力量はありませんが、大まかにいえば、ガリレオ・ガリレイのような客観的な測定と数式化によって自然と対峙する機械的諸学芸（artes mechanicae）の態度が一七世紀西洋で盛んとなり、様々な自然科学が発展しました。その一つである生理学は、心理学よりも一足早く哲学から分離し、一九世紀に大きな発展を遂げ、独自の手法を編み出しました。

心理学は、哲学の中心課題、私とは何か、人間とは何かという大きな問いを共有しています。哲学から独立した先輩である生理学の実験手法を採用して、その問いに答える道を選んだのが心理学です。生理学的実験手法を手に入れて、哲学的な問いを抱えたまま哲学を飛び出し、分家した学問。それが心理学だと言えるかもしれません。

さて、心はどこにあるという問いは、遥か昔に起源を持っています。ヤング（二〇〇五）によれば、三〇〇〇年前に成立したとされる中国の『黄帝内経』では、肝臓は魂を、心臓は霊を、脾臓は思考を、肺は動物的精神を、腎臓は意思を支配するとみなし、古代ギリシャ人は不死の個性（プシュケー）は脳に、肉体的な「呼吸する霊魂」（テュモス）は心臓に棲むと考えていたと言います。私が教わったころの心理学の教科書は、プラトンは脳を、アリストテレスは心臓を「心の座」とみなしていたということから書き起こされていたように記憶しています。『哲学・思想事典』（岩波書店・一九九八）の「脳」の項目によれば、デカルトが心身二元論を唱えた一七世紀以降、脳を心の座とする解釈が一般化したようです。今や、脳のイメージング技法が一般化し、脳の一部に色がついた写真をよく見るようになりました。心は脳にあるというにとどまらず、心のどのような「機能」が、脳の「どこに」位置しているかを、詳細に解き明かす時代となりました。心の座の研究は、哲学や心理学ではなく、生理学・脳科学の研究対象となりました。

一方、「人格の座」はどこにあるでしょうか。私は、私という存在・主体の核が、どこか遠くにではなく、体のどこかに内在していると感じます。沈黙して思考するときでも、発話器官が潜在的に賦活するからでしょうか、ぼんやりと頭のあたりに私の核があるような気がします。しかし、それは私だけの印象かもしれません。当然、脳科学は脳内にその所在を求めるでしょう。しかし、「私という機能」の局在ではなく、私という主体の位置をどこにあると「思っている」のかというのは、信念の問題です。世界の中心はどこにあると問われた時、アメリカの人はニューヨークと言うかもしれませんが、アトランタに住むアメリカ人ならアトランタというかもしれません。京都の人の多くは京都と答えるような気がします（あくまでも推測です）。信念としての人格の所在。これは哲学や心理学の問題となります。

フランスの哲学者・セール（一九九一）が、興味深い論考を残しています。

「主体はどこで決定されるのだろうか。左利きの私は左手で爪切りを取り、開いた刃を右手の人差し指の爪の先に当てる。私は『私』を爪切りの握りの部分に位置させる。《われ》は今やそこに身を置いていて、右手の指先にではないからだ。右手の爪は不器用に鋼の間にはさまれ、一方左手は爪を切り取るために繊細で巧妙な動きを示す。主体である左手は客体である右手の指に働きかける。左の手は主体性に満ちており、『私』を分有している。右手の指は世界の一部となる（一〇―一一頁）」

主体を人格と読み替えれば、これはまさに人格の座に関する論考です。この論考では、爪を切るという行為の実行領域に強い注意が向けられ、その領域内にある左手と右手が主体と客体に分極しているという状況が設定されています。このときセールの人格は、能動的に行為する左手（利き手）という身体部位に集約・局在し、反対の右手は自分の一部ながら客体化され、外在化されていると主張します。この、私自身の人格が位置すると実感される身体部位こそまさに人格の座です。この例は、人格の座は、行為に伴って発生し、移動する可能性があることを示唆しています。おでことにまった蚊を叩くとき、おでこは蚊を潰す台という客体に過ぎませんが、我が子の熱を測ろうと子供のおでこに己がおでこを寄せるとき、全神経は、おでことおでこの接点に集中し、自分のおでこは自分の主体の中心、人格の座となります。切って床に落ちた髪はゴミですが、愛しい人の遺髪は、故人の思い出の「よすが」となり、故人の人格を宿すタイムカプセルのような役割を担います。

セールの論考は、哲学的な方法論に準拠しています。論理的に思考を深化させて結論を導き出します。その後に付した私の文章は、恥ずかしくて哲学的論考とは言えませんが、少なくともそれに近いスタイルです。

一方、心理学でこのような問題を扱うときは、実験によって数値的な比較を行うという方法をとります。数年にわたり、この問題に挑戦してきました。その時とった方法論は、一対比較法でした。全身を描いた人物イラスト二枚を左右に並べ、一方には頭、一方には手に色がついています。最愛のパートナーの最期に立ち会うという状況を仮定して、最後の一回触れるとしたら、左右どちらのイラストで示された部位に触れますかと問いかけます。ある人は頭、ある人は手を選ぶでしょう。こうやって、髪・顔・手・胴・脚のすべての組み合わせペアを作って、一方を選んでもらいます。一対を比較して一方を選ぶ。ゆえに一対比較法です。

プロ野球の勝敗表のように、最終的には勝率（選択率）が出ます。最も高い選択率を示した身体部位は、最も多くの人が選んだ、最愛のパートナーとの最期のお別れで触れたい場所だということに

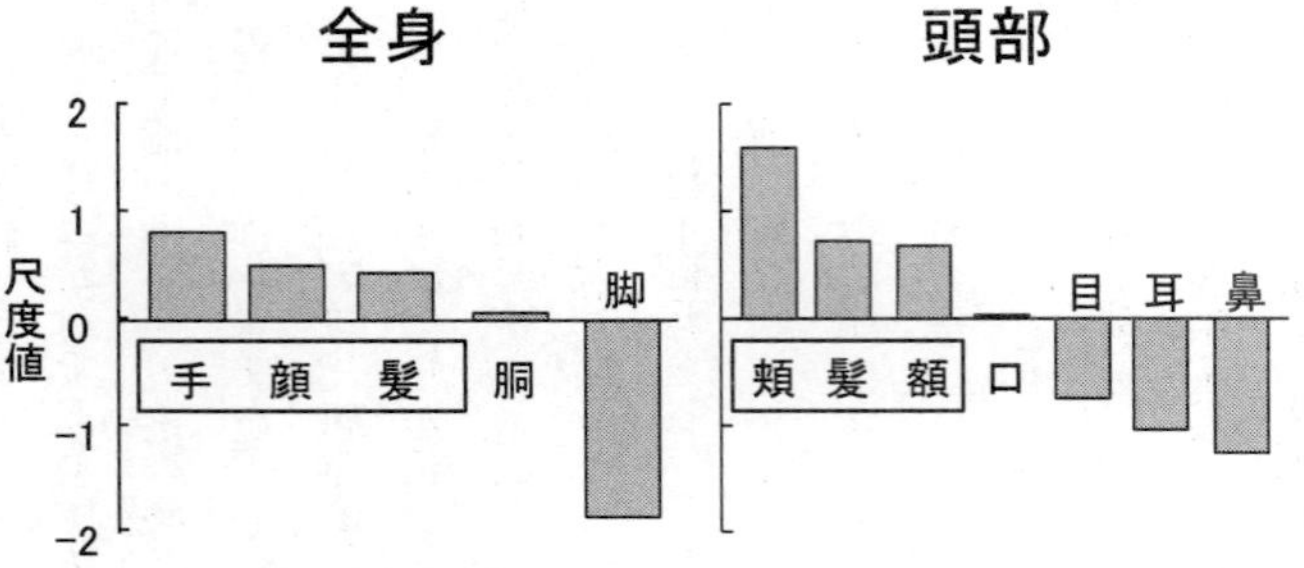

【図6】最期に触れたいパートナーの身体部位

（中俣・阿部、2013より改変）

なります。結果は【図6左】のようになりました。縦軸が選択率に相当する数値ですが、尺度値となっています。これは、選択率五〇％と五五％の間の五％よりも、九〇％と九五％の間の五％のほうが大きな差だということを勘定に入れて変換した値で、どの間の1も等しい距離になっています。多く選ばれた順に、手・額・髪・胴と続き、脚を選んだ人はほとんどいないという結果です。同様の方法で、顔の中の造作の比較をしたら、多く選ばれた順に、頬・髪・額・口・目・耳・鼻となりました【図6右】。また、男性参加者は最愛のパートナーの髪を、女性参加者は、同じく手を選ぶ傾向が高くなっていました。最愛のパートナーの多くが異性だったとすると、男性は女性の髪を、女性は男性の手を多めに選んでいたことになります。

この実験結果から得た結論は、「最愛の人の最期にその身体を手で触れると仮定したとき、最愛の人の意思を反映する手、感情が発信される顔を選ぶ傾向があった。この手と顔に人格の中核、すなわち素朴信念としての人格の座があると考えられる。(略) 人格の座は、相手の「心」が表現される部位に宿っていると言えるのではないだろうか」(中俣・平野・阿部 二〇一三) というものでした。

この考察は、最愛の人の最後に触れたい場所をもって、その最愛の人の人格が宿ると感じられている部位であるとすることを前提としています。この結果は、本当に人格の位置を指し示すのでしょうか。触れることではなく、見ることだとどうなるでしょうか。相手のことではなく、自分の人格の座も同じなのでしょうか。このように、実験結果に基づいて結論する限りにおいては、「妥当性」ということが問題となります。

また、この実験に参加してくれたのは、東北大の学生男女九二名です。ですから、この結果は、「東北大の学生の多数決の結果」、ということになります。また、男女の差も、この参加者に限定されたものです。しかし、上記の考察は、一般的な人類、あるいは日本人、少なくとも同世代の若者たちに共通の傾向だという主張を含意しています。ここに信頼性の問題が出てきます。繰り返しやっても同じ結果が出てきますか。五〇代でも同じ結果が出てきますか。フランスで実験をやっても同じ結果が出てきますか。これが塩化ナトリウムを対象にした実験なら、ドイツで行われた実験であってもインドネシアで行われた実験であっても、実験条件をそろえたら同じ結果が得られるはずです。塩化ナトリウムはどこで買っても同じ成分だからです。しかし心理学が対象とする人間はそうはいきません。文化や国籍、年齢が影響することは多々あるでしょう。そもそも同じ人間が同じ反応をするとは限りません。今日聞かれればAと答えても、明日は二日酔いでBと答えるかもしれません。

実験の妥当性と信頼性という問題は、哲学が自然科学の手法をハイブリッドして心理学となったときに胚胎した問題です。科学の手法を用いているからには、科学のルールで克服しなくてはなりません。実験結果によって反証ができるということが、心理学を科学の一員たらしめているのです。実験結果をもって反証するというルールの上で議論するのが、心理学の作法です。

六　同じ対象に対する二つのアプローチ——化粧する心に迫る

化粧は、日常生活に埋め込まれた感情調節装置として機能している。これが私の持論です(阿部二〇〇二)。化粧を「慈しむ化粧」と「飾る化粧」に分けた時、スキンケアは慈しむ化粧、メーキャップやフレグランスは飾る化粧に分類されます。慈しむ化粧は心のアンテナを自分の内に向け直し、「いやし」をもたらします。飾る化粧は心のアンテナを社会に正しく向け直し、「はげみ」を生じます。

この主張に至った研究のうち、慈しむ化粧の花形となる、美容マッサージに関するものをご紹介し

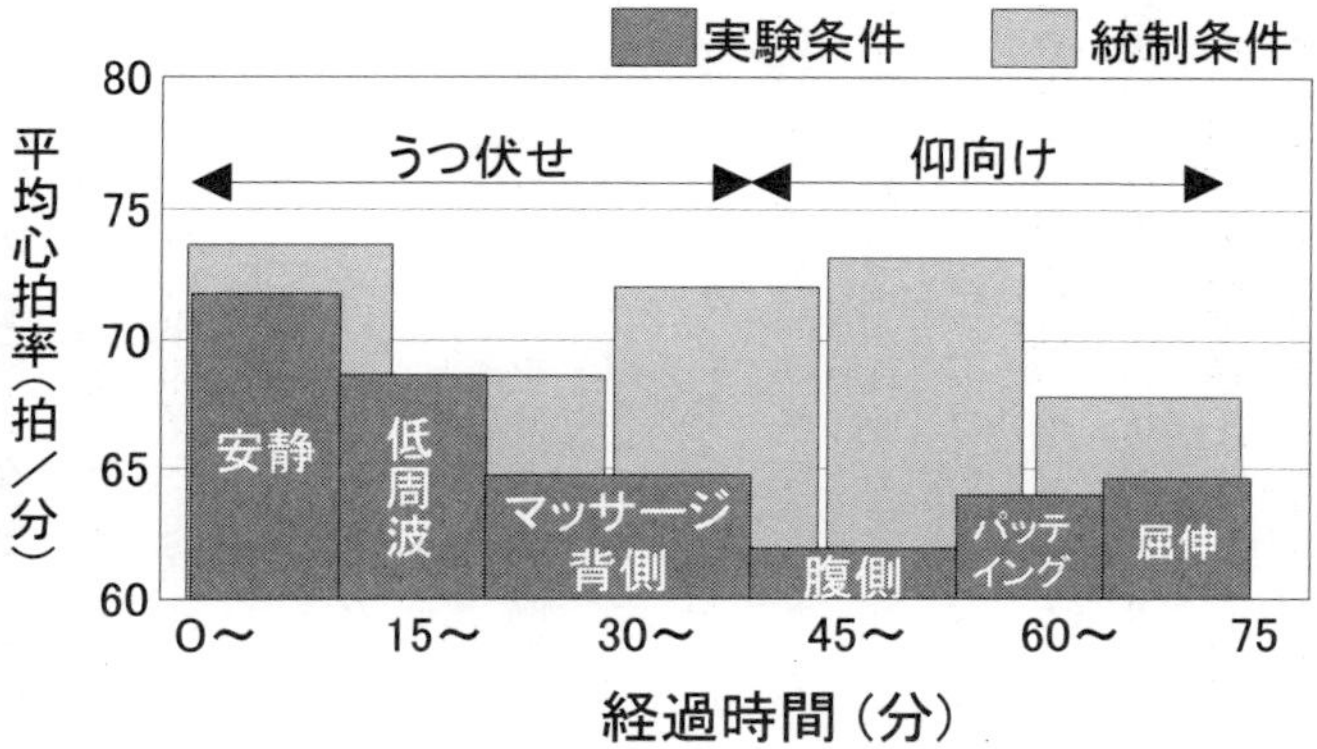

【図7】エステティック施術（ボディー）による心拍率の変化

（阿部、2002より改変）

ます。【図7】は、私が東北大に赴任する前、ある化粧品メーカーの研究員時代に行った実験の結果です（阿部 二〇〇二）。美容マッサージを受けるのと同じようにうつ伏せになったり仰向けになったりして何もしない統制条件では、姿勢の変化で心拍率が動揺していますが、美容マッサージの施術を受けた実験条件では心拍率は一貫して低下し、最後に少しだけ上昇します。ちょうどひらがなの「し」の字のようなカーブを描きます。これを「リラックスとリフレッシュのカーブ（relaxation and refreshment curve）」と名付けています（Abe 2004）。この過程で、身体のみならず、主観的にも緊張感の低下・快適性の増大がもたらされます。つまり、美容マッサージは、心身ともに、安らぎ・心地よい状態がもたらされる美容術だということが示されました。

心拍率、すなわち心臓のドキドキは、人前に出たりして緊張すると早くなることが自覚されます。その逆に、安らぐと遅くなります。心拍は、脳の中央部奥深くにある視床下部から発する自律神経系の指令で早くなったり遅くなったりします。早くするほうの自律神経を交感神経といい、心臓のみならず、運動に必要な多くの器官の活動性を向上させます。自律神経のもう一方は副交感神経と呼ばれ、交感神経と逆の動きをします。心臓の活動を遅くするだけでなく、様々な器官をエネルギー蓄積方向に変化させます。交感神経と副交感神経は、アクセル役とブレーキ役のような働きを担っています。なお、交感神経は、副腎髄質に作用してアドレナリンを分泌して協調的に機能します。この指令系統を、交感神経―副腎髄質系と言います。ブレーキよりもアクセルのほうが重装備になっているようです。

例えばライオンに襲われたら、走って逃げなくてはなりません。駆けっこではかないませんから、追いつかれるでしょう。そうしたら、敵わぬまでも戦わなくてはなりません。こういうときに交感神経―副腎髄質系が作動します。心拍は早くなり、気道が広がり、呼吸は早くなります。酸素やエネルギー源であるブドウ糖を、なるべく多く供給し、二酸化炭素を排出するには好適な変化です。内臓や皮膚の血管は収縮し、脳・心臓・筋肉に血液を集中させ、活動を有利にします。瞳孔は開いて暗闇でも見えやすい状態になります。こういう「闘争か逃走か」という場面での「危急反応」を支えるのが、交感神経―副腎髄質系です。

副交感神経の役割はこの逆に、さて眠ろうかという状況を思い浮かべてください。心拍はゆったりと鼓動し、気道は狭まり、呼吸もゆったりとしたものになります。血液は皮膚や内臓に集まり、指先が温かくなり、消化を助けます。血圧も低下し、瞳孔も狭まります。あとは目を閉じて休むだけです。

本格的なリラックス法の自律訓練法では、深いリラックスの最後に、消去動作を行います。朝、起きたばかりはふらふらして手足に力が入りません。背伸びして、全身に喝を入れてはっきり目を覚ましてから活動を開始します。これと同じような、屈伸による活動再開の準備運動が消去動作です。美容マッサージの施術の進行と共に、交感神経―副腎髄質系の活動が抑制され、副交感神経が活性化し、心身共にゆったりとリラックスします。そして最後に、冷たい収斂化粧水でパッティングしたり、屈伸運動を入れたり、消去動作のような施術を入れてリフレッシュして終了です。

この変化をもたらす施術構成は、この研究の前から行われていました。いわば暗黙知として、リラックスとリフレッシュのカーブが生じるような施術が行われていたのです。それが研究で確認された後は、そうなるように施術を自覚的に構成するようになりました。形式知として取り入れられたのです。

心と体は連動して変化する。これは感情心理学の基本テーマです。その発想は、心理状態に応じて鼓動が変わる心臓を心の座とした古代ギリシャのアリストテレスや、一七世紀のデカルトに遡ることができます。しかし、理論として明確化したのは、冒頭に登場した心理学の祖の一人、ジェームズです。彼はデンマークのランゲとともに、ジェームズ＝ランゲ説を提唱しました。ジェームズ＝ランゲ説とは、悲しいから泣くのではなく、泣くから悲しいのだという言葉に代表される、感情の主役を身体変化だとする感情理論です。この説に従えば、マッサージによって変化する体の状態を味わうのがマッサージの快適性の正体だということになります。

一方、前述の「闘争か逃走か」、「危急反応」を支える交感神経—副腎髄質系の研究を行ったキャノンは、視床・視床下部が反応の鋳型を作り、それが体の反応と気持ちの変化の双方の起源だと主張しました。これをキャノン＝バード説と言います。この説に従えば、マッサージによって形成された視床・視床下部の鋳型が交感神経—副腎髄質系を鎮静化させ、同時に心地よい安らぎをもたらす、ということになります。

スキンケアの花形・美容マッサージを生理学的アプローチから説明すると、以上のようになります。最近は脳内過程の研究が進み、感情による心身の変化については、より詳細な説明が行われるようになってきました。ジェームズ＝ランゲ説やキャノン＝バード説で説明するのは古臭い感じがします。しかし、新たな説も、これらの古典的理論の発展形ですので、大筋では変わりません。

ところで、スキンケアはいつ始まり、どのように発展したのでしょうか。スキンケアも人の営みです。歴史的視点なしに語ることはできません。上記の生理学的な傾向も、歴史の積み重ねによってそのような作用を持つに至ったのかもしれません。

パケ（一九九九）の『美女の歴史』という書籍は、西洋の化粧史を俯瞰したもので、大いに参考になりました。その内容を踏まえながら、西洋と日本のスキンケアの歴史を振り返ると、極めて対比的なものであることがうかがえます（阿部 二〇〇二、阿部 二〇一七）。要点をまとめると以下のようになります。

①西洋では、古代からスキンケアとメーキャップの言語的区別が明瞭。日本では平成になるまでスキンケアをメーキャップの下準備として（化粧下、基礎化粧など）呼称していた。

②西洋は油のお手入れ中心。日本は水のお手入れ中心。

③西洋は、宗教的理由を背景に、衛生・清潔と距離を置いてきた。日本は、古代から一貫して衛生・清潔に熱心。

このうち、①の「西洋では、古代からスキンケアとメーキャップの言語的区別が明瞭」という点が、パケの書籍で最も刺激的な部分でした。メーキャップを指す化粧という言葉と、その下準備としての化粧下・基礎化粧などの言葉を使い続けてきた日本と異なり、西洋では、古代ギリシャ・古代ローマの時代から、それぞれに異なる言葉が用いられてきたのです。古代ギリシャでは、スキンケアを「コスメティケ・テクネ」、メーキャップを「コモティケ・テクネ」、古代ローマでは、スキンケアを「アルス・オルナトリクス」、メーキャップを「アルス・フカトリクス」と言っていました（この時点ではカタカナ表記は、パケ・一九九九の記載に従っています）。

原語の綴りを知りたいのですが、訳書には書かれていません。もしかして原著ならと思い、原著が発行されたフランスに駐在中の友人にお願いして送ってもらいました。すると、古代ローマのほうはすぐにわかりました。ars ornatrix と ars fucatrix です。問題はギリシャ語です。フランス語（ラテン文字）で記されているので、ギリシャ語の綴りがわかりません。ラテン文字からギリシャ文字の綴りを想像し、ギリシャ語辞典を引いてみました。すると、コスメティケ・テクネのほうは想像した綴りが合っていて、すぐにわかりました。コスメティケ＝κοσμητική、テクネ＝τέχνηでした。無理やり和訳すると、「調和技術」となるでしょうか。単語末は両方エータですから、カタカナ表記はコスメティケー・テクネーと末尾を伸ばしたほうが良いかもしれません。しかし、コモティケ・テクネーのほうが見つかりません。諦めて、しばらく忘れていました。

ヒントは、意外なところにありました。通勤時に『レトリック感覚』（佐藤 一九九二）という本を読んでいたら、こんなことが書いてありました。

「プラトンは、あちらこちらでレトリック批判をしているが、その一さつ『ゴルギアス』のなかでは、あらまし次のような意見を述べている（自分では本を書かなかった師匠のソクラテスに、発言させているのだ）。すなわち――レトリックは聴衆の《善》意識にうったえるのではなく、むしろ《快》感にうったえ彼らに媚びる迎合でしかない、そして、真の裁判術に対するレトリックの関係は、体育術に対する化粧法、医術に対する料理法のようなものだ――というたとえを持ち出したのであった（一七―一八頁）」

プラトンが化粧法や料理法を嫌っている。それが『ゴルギアス』に出ている。この「化粧法」こそ、コモテイケ・テクネーではないか。ならばゴルギアスの原著を開けば、きっとコモティケ・テクネーは見つかる。あとは『ゴルギアス』の原著を探すだけです。きっと東北大学附属図書館にあるはずです。しかし門外漢ゆえ、古代ギリシャ語の書籍に歯が立つはずもありません。

それから数日後、大学入試の試験監督となり、お昼休みにお弁当をいただいていたときのことです。哲学研究室の荻原理准教授が、食事をしながら何か難しそうな分厚い横文字の本を読んでいらっしゃいました。何気なく覗くと、表紙にプラトンの名前が大きく書いてあるではないですか。何という偶然でしょう。早速指南を仰ぎました。すると、図書館にギリシャ語と英語の対訳本があること、そしてどのあたりに所蔵されているかまで、詳しく教えてくださいました。

自由な時間ができるのを待つのがもどかしかったこと。図書館に駆け込み、お目当ての書籍を発見しました。「Lysis, Symposium, Gorgias（Plato 1946）」。左ページがギリシャ語、右ページが英語で書かれています。コモティケ・テクネーを見つけるヒントは、化粧に関連した英単語です。ずいぶんと手間がかかりました。

しかしようやく見つけました。self-adornment（自己装飾）。左ページの対応するあたりを探すと…ありました。κομμωτική。カタカナで書くと、コモティケーでしょうか。テクネーはついていません。パケの訳本でも『レトリック感覚』でも、コモティケーには化粧術という和訳が使われていましたが、英訳によれば自分を飾ることです。私流の、慈しむ化粧・飾る化粧という分類に基づいた、「飾る化粧術」のほうがしっくりきます。ならば、コスメティケー・テクネーは「慈しむ化粧術」です。

勢いづいて『ゴルギアス』の和訳（加来一九六七）を勉強したら、コモティケーにテクネーがつかない理由がわかりました。プラトンは、医術や体育術などは善を求める技術（テクネー）として重要視する一方、料理術やコモティケーを、快を求める慣れ・コツ・迎合（エンペイリア・トリベー・コラケイア）であるとして非難しています。コモティケーにテクネーがついていないのも道理です。プラトンにとっては、コモティケー・エンペイリアというべきものなのです。体を鍛えて健全で美しいプロポーションを得る体育術は善であり、見た目を飾るだけのコモティケーは、皮相的な快楽の手段として低く位置づけているのです。

パケ（一九九九）の次の主張は、おそらくプラトンの言説に基づいていると思われます。

「化粧術が伝統的に遊女や男色者のための技術であったのに対し、美容術は健康な体を維持するための医学の一分野としてとらえられていた。ギリシアの教育では、体を鍛える体育が重んじられていたため、マッサージや髪の手入れなどによる美容術だけで、ごく自然に美しい肉体をつくることができたのである。一方、化粧術は、見せかけ、嘘、錯覚の範疇に属しており、ごまかしの美を与えるものでしかないと考えられていた」

コモティケーの歴史を巡る冒険は、コモティケーが飾る化粧と対応し、皮相的な快を求める慣れ・コツ・迎合であるがゆえに、善を求める技術であるコスメティケー・テクネー、すなわち慈しむ化粧と区別されるべきものであったという結論に着地しました。

となると、コスメティケー・テクネー（慈しむ化粧）である美容マッサージは、快ではなく善を求める技術ということになります。しかし前述のように、生理心理学的な測定は、美容マッサージで快適性が増大することを明らかにしています。プラトン流に解釈すると、美容マッサージの快適性は、それ自体が目的ではなく、体表の健康獲得という「善」を求める過程の副産物であるということになるでしょうか。しかし日本では、慈しむ化粧と飾る化粧の原語的区別があいまいな歴史をたどってきました。善と快が不分明だったから…そう結論するのは早計ですが、西洋と日本で、慈しむ化粧・飾る化粧の心理学的作用は同じなのか、異なるのか。新たな興味が湧いてきます。

七　文魂理才の心理学

文学部・文学研究科内では理系的な部分が目立つ心理学ですが、文系の要素も併せ持っているということを、記させていただきました。心理学における文理のハイブリッドを、和魂洋才にならって表現すれば、文魂理才ということになるでしょうか。

しかし、コンピュータ技術などの発展によって、理系的な技術の恩恵を享受する文系分野が増大しつつあります。おそらく、文理融合は必然的な流れであり、たまたま相性がよく、その順番が早めに巡ってきたのが心理学だったということなのかもしれません。ここで気になるのが、理系から文系への恩恵という輸入超過の状態にあることです。文系から理系に何を輸出・プレゼントできるか。一歩早めに文理融合を果たした心理学が、その先例をつくれると嬉しいのですが。

【引用文献】

阿部恒之（二〇〇二）『ストレスと化粧の社会生理心理学』フレグランスジャーナル社。

Abe, T. (2004) Psychological Studies of Skincare in Japan: A Review. Tohoku Psychologica Folia, 63, 53-60.

阿部恒之（二〇一六）『東北大学文学研究科心理学講座　基礎心理学研究』三四．二九二―二九四（DOI:

http://dx.doi.org/10.14947/psychono.34.42)。

阿部恒之（二〇一七）「化粧心理学」、坂本一民・山下裕司（編『文化・社会と化粧品科学』薬事日報社、五一―九四頁、　薬事日報社。

Dunlap, K. (1922) Editor, s preface. In C. G. Lange & W. James, The emotions (pp.5-7). New York: Hafner Publishing Company.

加来彰俊（一九六七）「訳者注」（プラトン（著・加来彰俊（訳『ゴルギアス』岩波書店、二四九―二九四頁。

丸山欣哉（一九九九）「成立期の東北大学文学部心理学研究室」『心理学評論』四二（三）、三四九―三六七。

中俣友子・平野大二郎・阿部恒之（二〇一三）「人格を代表するのは顔・身体のどの部位か――最期の別れで触れる場所――」『日本顔学会誌』一三、八七―九八。

日本銀行時系列統計データ検索サイト　http://www.boj.or.jp/statistics/index.htm/(二〇一八年一月二三日検索)

大泉溥（二〇〇三）千葉胤成『日本心理学者事典』クレス出版、六九七―六九九頁。

パケ・D、木村恵一（訳）（一九九九）『美女の歴史・美容術と化粧術の五〇〇〇年史』創元社。

Paquet, D. (1997) Une historie de la beaute: Miroir, mon beau miroir. Paris: Gallimard.)

Plato (1946) Lysis, Symposium, Gorgias: With an English Translation by WRM Lamb. Harvard University Press.
(Original work published about BC.390)

佐藤信雄（一九九二）『レトリック感覚』講談社学術文庫（原著は一九八六年発刊）。

佐藤達哉（二〇〇二）『日本における心理学の受容と展開』北大路書房。

セール・M、米山親能訳（一九九二）『五感――混合体の哲学――』法政大学出版局。

下山晴彦（編集代表）（二〇一四）『ヴント　心理学辞典新版』誠信書房、八八六―八八七頁。

東北大学学術資源研究公開センター史料館（二〇一六）「東北学術界の陰の立役者、斎藤報恩会」『東北大学史料館だより』二五・一
ヤング・L、別宮貞徳（監訳）（二〇〇五）『ハート大全』東洋書林（Young, L. (2002) The book of the heart. London: Flamingo)。

米澤晋彦（二〇一七）「東北帝国大学と斎藤報恩会」『東北大学史料館紀要』一二、八五―九二頁。

日本社会の秩序とコード

長谷川　公一

5 日本社会の秩序とコード

長谷川　公一

一 社会のコード と秩序

(一) 忖度する社会

安倍晋三首相夫妻の政治スキャンダルが発端で、二〇一七年にわかに脚光を浴びた言葉に「忖度（そんたく）」があります。「新語・流行語大賞」と三省堂が選ぶ「今年の新語二〇一七」双方で、大賞に選ばれました。忖度はそもそも中国の詩経にある古い言葉です。「相手の気持ちを推測する」という意味では昔から使われてきましたが、「有力者の気持ちを推測し、気に入られるようにする」という用法が、二〇世紀末から目立つようになり、二〇一七年に「忖度が働く」「忖度を働かす」という新しい用法が一気に広まりました。[1]

渦中の人物・籠池泰典森友学園理事長の外国人特派員協会での記者会見（二〇一七年三月二三日）を通じて、英語には「忖度」を直接言い換えるという言葉はないということも話題になりました。

会見に同席した弁護士は、外国人特派員向けに「籠池氏が「忖度」という言葉で表現しようとしたのは、安倍首相によってではなく、安倍首相の周りにいる人々が、何らかの手を加えたということです。「忖度」というのは自分自身で何かするという時に使われる言葉ではなく、安倍首相の周囲の人間、もしくは子分の人間が何かしたという意味になります。」と補足的に解説しました。[2]

「忖度が働く」「忖度を働かす」という表現が一気に広まったのは、このような形で、有力者の気持ちを推測して、有力者の意向に添った形で便宜を供与することが、日本社会では珍しいことではない、と人々が認識していることをあらわしていると見ることもできます。

忖度することは、日本社会の隠れたコードの一つと言えるかも知れません。

(二) 明示的なコードと黙示的なコード

しばらく前に、空気が読めない、場違いなことを行ったり、発言したりすることを「KY」と呼ぶことが流行りました。KYとは端的には、「適切な行為とされる〈コード〉を理解していない」ということです。日本社会は、「忖度」のような暗黙のコードが高度に発達した社会です。

ここでのコードは適切な行為と不適切な行為を峻別する基準を意味します。日常語でも「ドレスコード」と言います。冠婚葬祭や格式の高いレストランなどで、望ましい服装が定められている場合があります。葬儀に参列するにあたって、黒の礼服を着るのは、日本での葬儀のドレスコードに従った行為です。テーブルマナーも、コードの一種です。

電波の公共性や社会的影響力の大きさなどから、テレビやラジオ放送では、会社ごとに、放送禁止表現などを定めていますが、それらは「放送コード」と呼ばれています。新聞社も、①わかりやすくやさしい文章・言葉で書く、②用字や送り仮名など、表記に関して、できるだけ統一した基準を守るために『記者ハンドブック』を作っています（共同通信社編 二〇一六）。新聞社にとっての、いわば用字用語コードです。

今日では多くの学会は、それぞれの学会ごとに倫理規程や順守することが望ましい研究上の指針などを設けて、倫理教育に力を入れています。「倫理コード」と呼ぶことができます。日本社会学会の例を挙げておきます（日本社会学会 二〇〇五、日本社会学会 二〇一六）。

これらはいずれも明示的なコードの例です。

法・道徳などの社会規範も、広い意味でのコードです。

私は俳句が趣味ですが、有季定型の俳句では、①五七五の形式を守る、②季語を一語入れる、③季語を二語以上入れることは避ける（「季重なり」と言います）、という基本的に守るべき約束があります。これらも有季定型の俳句のコードです。種田山頭火の「分け入つても分け入つても青い山」のような、こうしたコードに従わない自由律の俳句もあります。

それぞれの社会集団ごとに共有度が高く、明確に定められたコードが、明示的なコード、公式のコードです。明示的なコードは外部からも観察が容易です。規約のように、成文化されている場合が多いですが、必ずしも、成文化されている必要はありません。〇〇をすべきであると望ましい行為を定めた場合と、〇〇を避けよ、と望ましくない行為を定めた禁止的な内容の場合とがあります。「ウソをつくな」「断りなしに他人のものを使うな」「約束を守れ」などは、どの社会でも親が子どもに教える明示的なコードの代表例です。

それに対して「裏ルール」とも言える黙示的なコード、暗黙のコードは慣行的であり、その社会集団の中に深く入り込まないとわからない場合が多いと言えます。インターネットで「裏ルール」で検索すると、人事評価の裏ルール、交通違反の裏ルール、校則の裏ルールなどが出てきます。「抜け穴」的なイメージを持たれるかもしれませんが、必ずしも黙示的なコード＝不正行為を免れるための「抜け穴」というわけではありません。

明示的コードおよび黙示的コードを習得していくプロセスが「社会化」です。様々なコードを身に着けることによって子どもは大人になり、やがて一人前になっていきます。新入社員も、それぞれの会社の明示的・黙示的コードを習得しながら、一人前の社員になっていくのです。

(三) 高コンテキスト文化と低コンテキスト文化

文化人類学者の Edward T. Hall は『文化を超えて』(一九七六) という本の中で、高コンテキスト文化（high-context culture）と低コンテキスト文化（low-context culture）を対比しています。

高コンテキスト文化とは、言葉として明示的に表現された内容以上に、状況や文脈が情報を伝達するようなコミュニケーションのあり方をさします。日本語および日本文化は、高コンテキスト文化の代表例です。日本人のコミュニケーションの理想は「言わなくてもわかる」、「以心伝心」です。むしろ、はっきり言い過ぎないことが尊重されてきました。細部まで詳細に説明しなくとも、真意が的確に伝わることこそ理想。説明しすぎるのは野暮。表現し過ぎないことは、慎みやつつましさをも意味します。

高コンテキスト文化は黙示的な文化と呼ぶことができるでしょう。日本画では余白が重視されます。余白は余韻や奥行きを与えます。俳句でも余韻が重視されます。「言葉の綾」や「含蓄」、「わび」、「さび」、能や狂言のような「所作の綾」、茶道の作法のように、表現された言葉や動作には、それぞれ黙示的な象徴的な意味があります。

日本では短歌や俳句のような、世界に例を見ない短詩型文学が発達してきました。このような短詩型文学を可能ならしめているのは、場の共有、コンテキストを共有しているという感覚です。

他方、言葉にしたことのみが伝達可能であり、言葉にしなかったことは伝達されないと考える文化があります。これがホールの言う低コンテキスト文化です。双方がコンテキストに依存せず、明示された内容のみを理解しようとする文化です。明示的な文化と言い換えることもできます。ホールはドイツ語のコミュニケーションを例にあげています。

アメリカ合衆国を例に考えてみましょう。移民の国であり、出自や文化の多様性を前提としている社会では、そもそもコンテキストが共有されておらず、黙示的な意味が発達していません。言葉はその額面どおりに流通します。メッセージの内容そのものが重視されるのです。「言わなければわからない」のが社会の大前提です。

ですからアメリカでは初歩から丁寧に説明することが重視され、アメリカの教科書は分厚くなりがちです。他方、日本の教科書は簡潔な説明を好む傾向があります。

低コンテキスト文化では契約書が発達します。詳細な議事録をつくり、記録を残すことが重視されます。高コンテキスト文化では契約書は名目化しがちであり、議事録の保存についても社会的関心が乏しい傾向があります。

(四) どの社会にも隠れたコードがある

無論、どの社会にも隠れたコードがあります。意図的・非意図的に、コードを逸脱することもあります。トランプ大統領は熱狂的なファンがいる一方で、低支持率にあえいでいます。毀誉褒貶の激しい大統領ですが、トランプ大統領はあえて大統領らしくなく振る舞っているとも言えます。コードを逸脱しているがゆえに、眉をひそめる人々が多い一方で、平然とコードを逸脱してホンネを語るがゆえの人気があると見ることができます（金成隆一二〇一七）。

日本の鉄道には「上り」と「下り」があります。起点である東京駅に向かうのが上り、東京駅から出発するのが下りです。日本人にとっては常識ですが、私の知る限り、他の国の鉄道には、このような「上り」と「下り」という概念はありません。イギリスなどでは、主要な都市に向かう列車を「上り列車」、都市から郊外に向かう列車を「下り列車」と呼びますが、日本のように東京駅がすべての起点になるというわけではありません。[3] 明治以前は、皇居のある京都に向かうことが上り、京都から離れることが下りでした。京都及びその周辺は「上方」と呼ばれました。今でも「上方落語」「上方漫才」のような使い方が残っています。古文に出て来る東下りは、京都から東国地方に向かうことを言います。首都にある本社を離れて、地方の支店に転勤したりすることを「都落ち」とも言います。新潟県は、上越地方・中越地方・下越地方・佐渡に分かれますが、上越市などの新潟県西部が上越（じょうえつ）地方、長岡市などの中央部が中越（ちゅうえつ）地方、新潟市などの北東部が下越（かえつ）地方です。これは京都に近い方から、上越後（かみえちご）、中越後（なかえちご）、下越後（しもえちご）と呼ばれていたことに由来します。

このような用語法は、天皇のいる場所こそが価値の中心であり、そこから遠ざかるにしたがって、価値が相対的に低下するという、日本社会の隠れたコードを示しています。

天皇のいる場所に価値の中心があるという意識は、江戸時代や明治時代の感覚にとどまりません。

郵便番号制度が日本で始まったのは一九六八年ですが、日本の郵便番号は、一〇〇―〇〇〇一、東京都千代田区千代田一―一、皇居から始まっています。皇居から離れるに従って、郵便番号は大きくなります。九××番台は、沖縄県、北陸地方、南東北地方の県に割り当てられています。秋田県、岩手県、青森県、北海道は、〇××番台ですが、これは、九××番台の次の番台であることを示しています（長谷川公一 二〇一一、四〇―四五頁）。

隠れたコードに敏感になり、隠れたコードを読み解くことには、大きな意義があります。私たちは自国の主流の文化の中にどっぷり浸かっているがゆえに、自国の隠されたコードには鈍感です。無意識で従っているがゆえに、ふだんは、コードの存在を意識しません。何かの拍子に歯が痛んで、歯磨きが最近雑になっていたことを反省したりします。病気になったり体調を崩すことは、ある意味では、規則正しく暮らす、適度に運動するなどのコードの意義を再認識させるチャンスでもあります。

異文化に触れることの意義も同様です。日本では物心が付く前から「いただきます」を教わります。「いただきます」を言わずに食べ始めることは、落ち着かないものです。しかし「いただきます」は日本独特のコードです。他の国には「いただきます」の習慣はありません。「いただきます」に相当する表現もないのです。何となく、それぞれが食べ始めます。日本人としてはもの足りなさやバツの悪さを感じます。「どうぞ召し上がれ」という意味で、Bon appetit と言うことはありますが、これは主にホスト側が、ゲストに対してどうぞたくさん召し上がれ、とかける言葉です。食べる人同士お互いに言い合うわけではありません。

お酒を注ぎ合うのも日本・中国・韓国など東アジア的な習慣です。アメリカでは、男性が女性にビールを注いであげますが、男同士で注ぎ合うことはしません。女性が男性に注ぐこともありません。アメリカで「今日は日本式にやろう」とアメリカの男性の友人（何度も来日している日本通の方です）とビールを注ぎあって飲んだことがありますが、そのとき友人は「女になったみたいだ」と感想を漏らしました。

飛行機の乗務員の接遇も、国によって航空会社によって微妙に異なります。日本人乗務員の物腰は国際的にみてももっとも丁重だと感じます。

(五) コードと自由

コードの存在と順守が社会秩序を支えています。[4]

コードの順守を要請することは、行為や選択の自由度を一定程度制約することにもなります。報道や表現の自由、研究の自由と求められるコードの順守との間には、常に一定の緊張関係が存在します。とくに創造的な表現は、しばしば既成のコード、既成のタブーへの挑戦を含んでいます。コードの存在が、自由の限界を定めていると見ることもできますが、コードがあるからと言って、必ずしも自由が損なわれるというわけではありません。むしろ自主的なコードの存在が権力の恣意的な介入に対する防波堤的な機能をはたし、放送の自由や出版の自由、表現の自由などを保障しているという側面も忘れてはいけません。

他者の人権やプライバシーの尊重、社会的影響・社会的責任の自覚は、どんな分野であれ、現代社会における基本的なコードと言えます。

コードは固定的なものではありません。私たちの行為はコードによって大なり小なり規定されていますが、一方、私たちの日々の実践によってコードは支えられています。「いただきます」というコードは、「いただきます」という実践によって支えられているのです。「いただきます」を言わない人が増えてくれば、「いただきます」はやがて次第に形骸化してくることでしょう。コードは私たちの日々の営みによって裏打ちされ、存立し続けているのです。形式的だ、無意味だと意識されるようになったコードは廃れ、やがて新しいコードに置き換えられていきます。

なお「いただきます」も、卓袱台《ちゃぶだい》やテーブルが普及した一九三〇年代頃から一般にひろがった比較的新しいコードです。箱膳という一人膳に座って食べていた時代には「いただきます」は言わず、食前の挨拶はないことが多かったそうです（熊倉功夫 一九九九）。

コードからの逸脱とコードの変容が社会秩序の変動をもたらします。

コードは変化し、変更可能でもあります。コードの恣意性に気づくこともきわめて重要です。社会学では「線引き問題」とも呼ばれますが、望ましい行為と望ましくない行為の境界線も動きうる

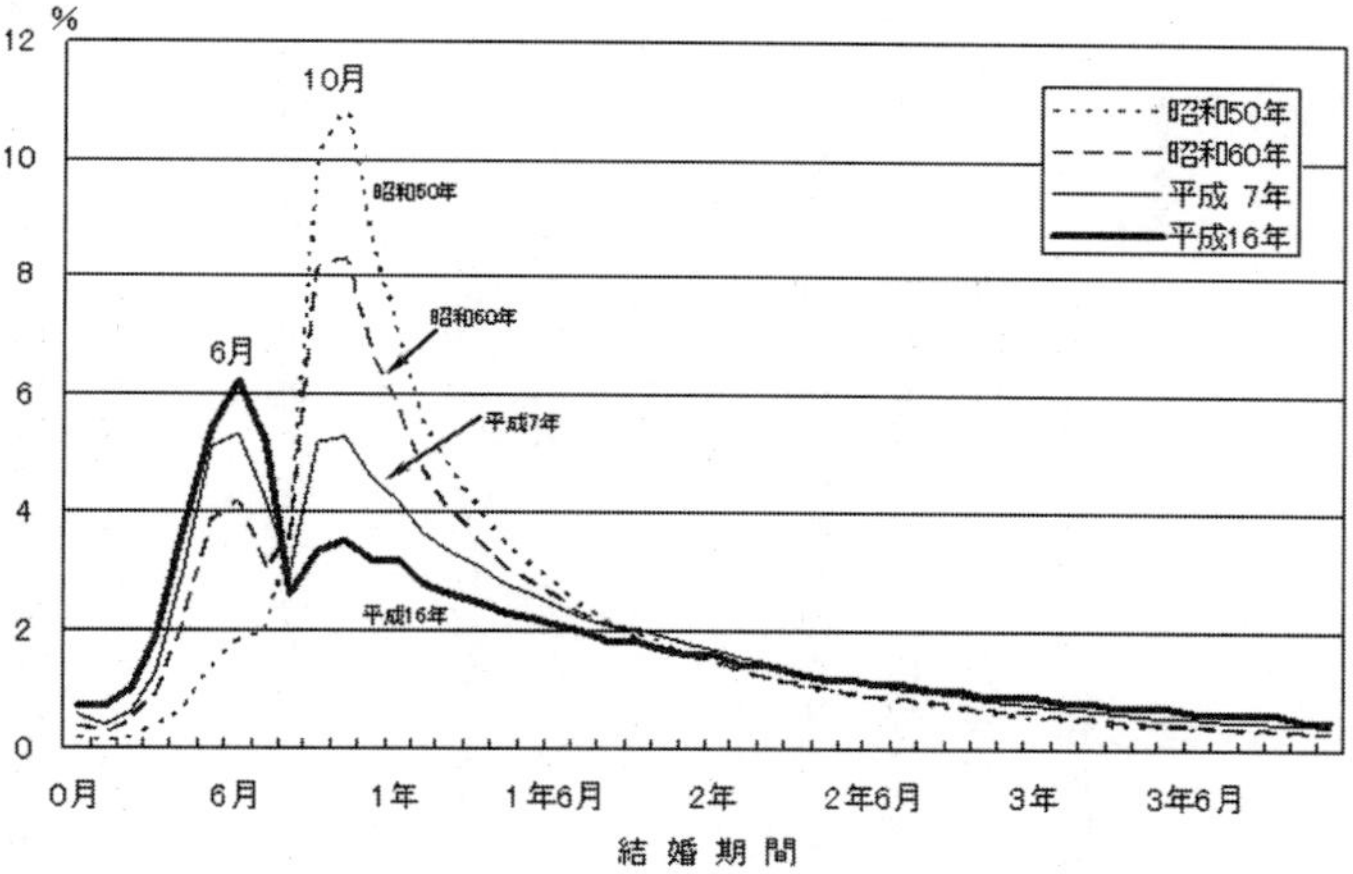

【図 1】第 1 子出産までの結婚期間別にみた出生構成割合

（厚生労働省、2005、「平成 17 年度 出生に関する統計の概況」）

注：1）嫡出第 1 子についての数値である。
2）結婚期間不詳を除いた総数に対する構成割合である。
3）0月とは生まれた月と同居を始めた月が同じ場合である。

のです。

性に関する規範やコードは、プライバシーや人間の尊厳にも深くかかわるがゆえに、微妙な問題であり、明示的に語られることは多くありません。

戦後の日本社会は未婚女性の婚姻外の性関係にかなり不寛容であり、相当程度タブー視してきました。

【図1】は、第一子出生までの結婚期間が一九八〇年代半ば以降短くなっており、二〇〇四年には、第一子出生までの結婚期間が六ヶ月の出生の割合がもっとも多いことを示しています。最近になるほど「できちゃった婚」、妊娠が結婚に先立つ出産が増えています。妊娠が結婚に先立つ出産によって生まれた第一子の割合は一九八〇年には第一子全体の九・四人に一人の割合でしたが、二〇〇四年には三・七人に一人でした。このデータは、未婚者の婚姻外の性関係に社会が寛容になってきたというコードの変化の証左です。

同性愛者間の婚姻関係を認めるなど、タブー視から社会的・制度的容認へ、LGBT（女性同性愛者、男性同性愛者、両性愛者、トランスジェンダーの英語の頭文字から）をめぐるコードは近年のコード変容の代表的なものと言えます。

コードの恣意性に気づくことは、コードは変更可能であり、コードに従うのか、逸脱するのかは、選択可能だということを意識させることにつながります。

隠れたコードを読み解くことは、隠された抑圧に敏感になるということも意味します。隠れたコードが排除的・排他的な役割を果たすことがあるからです。隠れたコードは、コードを共有していない人にとっては見えざる参入障壁となります。

異文化への排他性、外国人への排他性、マイノリティーへの排他性は、マジョリティの側からは意識されにくいものです。私たちは排他的な役割を果たしているコードの存在やその機能に敏感になるべきです。

二　日本文化のハイブリッド性

(一) 日本社会の秩序原理とハイブリッド性

日本文化の固有性や独自性を重視することは重要です。実際、文学・美術・音楽・演劇・料理・スポーツなどさまざまな分野で、日本は独自性の高い洗練された文化を発達させてきました。しかし固有性や独自性を強調しすぎることは、排他性にもつながりかねません。

本書はハイブリッドを全体のテーマとしていますが、日本文化の大きな特徴として、しばしば「雑種性」、今日的に表現すれば、ハイブリッド性が指摘されてきました。加藤周一の「日本文化の雑種性」はその代表です(加藤周一　一九五五)。「原理に関するかぎり、近代の英仏の文化は、純粋種であり、英語またはフランス語以外の何ものからも影響されていないようにみえる。そして多くの英仏人はそのことを多少とも自覚している」、「英仏の文化を純粋種の文化の典型であるとすれば、日本の文化は雑種の文化の典型ではないか」。加藤はこう述べながら、「徹底的な雑種性の積極的な意味」、日本文化の雑種性を積極的に意味づけようとしました。非西欧社会の中で、日本は、いち早く近代化を遂げることができました。異質なものを積極的に取り入れてきた日本文化の柔軟性を、加藤は高く評価しています。

しかし加藤の雑種文化論は、幾つか根本的な問題点を含んでいます。

① 初出の「日本文化の雑種性」(加藤周一 一九五五)での加藤の立論の対象は明治以降にあり、西洋文明の取り込みに主に焦点をあてて雑種性を論じています。しかし江戸期までの日本文化は雑種的ではなかったのでしょうか。漢字、仏教、儒教、律令制をはじめ、日本は長い間中国文化から多くを学び、吸収してきました。古代や中世・近世の日本文化も、雑種的だったのではないでしょうか。

加藤自身、一九五八年に発表した「日本的なものの概念について」では、「日本文化の雑種性は今に始まったことではない。すでに早く飛鳥から江戸時代まで、明治以後より以前に、さらに徹底した形で存在したのである。雑種文化は、いつの時代にも常に日本の現実であった」と軌道修正しています(加藤周一 一九五八)。そのような観点から『日本文学史序説 上・下』を刊行します。

② 加藤は、近代のイギリスの文化、フランスの文化、それぞれを純粋種だと述べていますが、はたしてそうでしょうか。イギリスの文化、フランスの文化が、ヘレニズム文化やゲルマン文化などの影響を強く受けてきたことは雑種性ではないのでしょうか。印象派や後期印象派の画家が、浮世絵などから強く影響を受けたことは今日では広く知られています。純粋種の文化は、現実にありうるのでしょうか。ブロックは「フランス文化の雑種性」を指摘し、「フランス文化の純粋性」という加藤の見方を根底から批判しています(ブロック 二〇〇四)。

③ 仮に日本文化が相対的に雑種性が強いとして、何が雑種性の強さを可能にしてきたのでしょ

うか。雑種文化のより基底にあるのは、どのような文化のあり方でしょうか。

(二) 土着と外来

加藤は一九七五年に、『日本文学史序説　上』を発表します。一九八〇年刊の下巻とともに、古事記・万葉から現代までを展望した大著です。モティーフの一つは、「土着の世界観の執拗な持続と、そのために繰り返された「外来の体系」の日本化」という問題意識です(加藤周一　一九七五)。日本文化の雑種性への着目は、このようにより洗練化されます。

「土着の世界観」として加藤が挙げているのは、祖先崇拝、シャーマニズム、アニミズム、多神教であり、その特徴は、「具体的・実際的な思考への傾向」と「個別的なものの特殊性に着目する習慣」です。「外来の体系」とは、仏教、儒教、キリスト教、マルクス主義です。これらは土着の世界観とは対照的であり、抽象的、理論的、包括的であり、超越的原理が存在し、普遍的な価値への志向があることです。

「土着の世界観」は「外来の体系」と出会うたびに、受け入れながら変わっていきますが、その方向性は、加藤によれば、多くの場合、抽象的理論的側面の切り捨て、超越的原理の排除、彼岸的体系の此岸的再解釈ということになります。

信教の自由が保障されている現在でも、日本ではキリスト教信者の割合は一%程度とされています。韓国ではキリスト教信者の割合は約三〇%とされています(プロテスタントが一八%、カトリックが一一%)。先進国の中で、日本はキリスト教信者の割合が極端に少ない代表的な国です。キリスト教のもつ、超越的な性格、普遍的な価値への志向が、日本的な感性にとっては、なかなか受け入れ難いのかもしれません。

(三) カタカナ・ひらがなの発明

古代から、日本文は多くの場合、漢字仮名交じり文で表記されてきました。五・六世紀頃に中国から漢字を輸入しますが、漢文の和読のためにカタカナが発明され、日本語の音を表記するためにひらがなが用いられるようになりました。中国から借用した漢字を日本語に適応させるための工夫の産物がカタカナ・ひらがなであり、漢字仮名交じり文という表記の仕方です。カタカナ・ひらがなと漢字仮名交じり文は、日本文化の雑種性の好例であり、日本語の表現力に幅と奥行きを与えてきました。ただし、三種類の文字を使い分けていることは、外国人の日本語学習者にとっては大きな心理的壁になっているようです。

中国にはカタカナがありませんから、あらゆる外来語も漢字化して表現します。例えばコンピューターは電脳、テレビ局は電視台、グローバリゼーションは全球化。いずれも見事に漢字をあてはめています。日本では外来語としてカタカナ表記するところを、中国は表意文字としての漢字に

【図 2】北京のＮＧＯセンターの入居ＮＧＯのロゴマーク
（2009 年 11 月筆者撮影）

翻訳してしまいます。【図2】は、北京のNGOセンターの看板です。多種多様なNGO名がいずれも漢字で表現されています。一種類しか文字がないという点では中国はより純粋種的です。

(四) 日本の食事の雑種性

カレーライスやとんかつ、ラーメンは、年齢・世代を問わず大人気ですが、日本の食事の雑種性をよく示していると言えるでしょう。いずれも和食の中には含まれません。カレーライスやとんかつはコロッケなどと同様に日本化された洋食です。ラーメンも日本化された中華麺です。

ラーメンも、札幌味噌ラーメンや博多ラーメン、喜多方ラーメンなど、地方色・地域色を出した「ご当地ラーメン」が大人気です。

仙台が発祥の地と言われる冷やし中華。つけめん、油そばなど、バラエティに富んだ中華麺の食べ方が工夫されてきました。最近は、トマト味のラーメンなども人気があるようです。

辛子めんたいこや仙台で大人気の牛タン薄焼き。加藤が指摘した「「外来の体系」の日本化」のように、外来の食材の日本化は今日ますます旺盛になっています。

三　状況倫理と日本語の構造

(一)「恥の文化」と「罪の文化」

文化人類学者のルース・ベネディクトは『菊と刀』(一九四六)で、文化人類学の観点から日本文化論を展開し、欧米的な内面的な倫理・内面化されたコードに従う「罪の文化」と、日本の「恥の文化」を対比しました。「恥の文化」は外面的なコードに従うことを重視する文化であり、善悪や行為の是非は状況に大きく規定されます。私たちは、状況から超越した絶対的な善や絶対的な悪が存在するとは考えません。道徳相対主義的な「状況倫理」を重視します。

この点は加藤が「外来の体系」の変化の方向性として指摘した、抽象的理論的側面の切り捨て、超越的原理の排除、彼岸的体系の此岸的再解釈と対応しています。

親たちは子どもに対して、「お天道さまが見ている」「お巡りさんに言いつける」「(まわりに対して) 恥ずかしい」という観点から、しつけをしています。

不適切な行為の責任を取って役職を辞任するような折も、行為の不適切さを認めて謝罪するというよりも、「お騒がせしました」などと述べて、「混乱を詫びる」という言い回しをとる傾向にあります。

その意味では、「恥の文化」は今も続いています。

日本は現時点でも、内部告発の少ない社会ですが、内部告発の少なさも、「恥の文化」と関連しているように思われます。

(二) 日本語的な発想

日本人の世界観や秩序観は、日本語という言語の構造、日本語の発想にも規定されています。日本語原文とその英訳文を対比しながら、日本語的な発想の特質を考えてみましょう。最初の例は、一九六八年に日本人としてはじめてノーベル文学賞を受賞した川端康成の代表作『雪国』(川端康成一九三七) の冒頭部分です。サイデンステッカー訳 (口絵5) は名訳として知られ、ノーベル文学賞受賞の功績はサイデンステッカーの訳文によるとも讃えられています。

1　雪国　川端康成

国境の長いトンネルを抜けると雪国であった。夜の底が白くなった。信号所に汽車が止まった。

　向側の座席から娘が立って来て、島村の前のガラス窓を落した。雪の冷気が流れこんだ。娘は窓いっぱいに乗り出して、遠くへ呼ぶように、「駅長さあん、駅長さあん」。

この箇所のサイデンステッカー訳を見てみましょう。

The train came out of the long tunnel into the snow country. The earth lay white under the night sky. The train pulled up at a signal stop.

A girl who had been sitting on the other side of the car came over and opened the window in front of Shimamura. The snowy cold poured in. Leaning far out of the window, the girl called to the station master as though he were a great distance away.

　原文は一二〇文字ですが、三一一文字（スペースは含まず）にまで増大しています。原文では「雪国であった」「夜の底が白くなった」「雪の冷気が流れこんだ」のように、状態の変化の記述が目立ちます。何がどうなったのか。状態の変化が印象的です。余計な修飾語句は一語もありません。無駄な言葉が削ぎ落とされている結果、大変鋭利な印象をあたえます。主語は、「夜の底が」「汽車が」「娘が」「冷気が」「娘は」の五語しかありません。

読者の理解のために、英文から逆に日本語に直訳してみましょう。

> 長いトンネルを抜けて、汽車が雪国に入ってきた。大地が白く横たわっていた。汽車は信号所で止まった。向かい側の座席に座っていた娘が島村の前の窓を開けた。雪の冷気が流れ込んできた。窓から身を乗り出して、娘は、あたかも遠くにいるかのように駅長を呼んだ。

全ての文ごとに主語が明示され、動作主が明解に指示されていますが、説明的です。意味は正確に伝えられていますが、川端の原文の怜悧なニュアンスは削ぎ落とされてしまったようです。

2　天皇陛下のおことば

二〇一六年八月八日に「象徴としてのお務めについての天皇陛下のおことば」が発表されました。[5]

第二の例として、この「おことば」の末尾の原文と宮内庁発表の英訳文を見てみましょう。

> そうした中で、このたび我が国の長い天皇の歴史を改めて振り返りつつ、これからも皇室が

どのような時にも国民と共にあり、相たずさえてこの国の未来を築いていけるよう、そして象徴天皇の務めが常に途切れることなく、安定的に続いていくことをひとえに念じ、ここに私の気持ちをお話しいたしました。

　国民の理解を得られることを、切に願っています。

Even under such circumstances, it is my hope that by thoroughly reflecting on our country. s long history of emperors, the Imperial Family can continue to be with the people at all times and can work together with the people to build the future of our country, and that the duties of the Emperor as the symbol of the State can continue steadily without a break. With this earnest wish, I have decided to make my thoughts known.

I sincerely hope for your understanding.（下線　引用者）

　一見して大きく異なっているのは、「ここに私の気持ちをお話しいたしました」の箇所です。日本語原文では主語が略されています。「私の気持ち」という含蓄のある言い方が、英訳文ではmy hope、my thoughts とより明確に表現されています。I have decided to make my thoughts known. は、直訳すれば、「自分の考えを知らしめようと、私は（前々から考えてきたのだがここに）決意するに至りました。」となるでしょう。「私の気持ちをお話しいたしました」という原文の言い方は、状態を示しているような語感があります。英訳文では、I have decided と「私自身が決意した」ということが明示されています。しかも現在完了形を用いることで、決意してから現在までの間にある程度の時間の経過があること、熟慮の結果であることも含意させています。英文の構造に規定されて、原文よりも、英語訳の方が細かなニュアンスを明示しており、かつ能動的・主体的な印象を与えます。

3　終戦七〇年首相談話

二〇一五年八月一五日は、ちょうど七〇回目の「敗戦の日」でした。この前日に、安倍首相は、「終戦七〇年首相談話」を発表しました。[6] テレビ中継をライブで聴きましたが、ある箇所が大変気になりました。

満州事変、そして国際連盟からの脱退。日本は、次第に、国際社会が壮絶な犠牲の上に築こうとした「新しい国際秩序」への「挑戦者」となっていった。進むべき針路を誤り、戦争への道を進んで行きました。

そして七十年前。日本は、敗戦しました。

これも該当箇所の英訳を見てみましょう。

With the Manchurian Incident, followed by the withdrawal from the League of Nations, Japan gradually transformed itself into a challenger to the new international order that the international community sought to establish after tremendous sacrifices. Japan took the wrong course and advanced along the road to war.

And, seventy years ago, Japan was defeated.

私が違和感を感じた「日本は、敗戦しました」は、英訳文では「日本は敗北した」とはっきり表現されています。「(昨夜の試合で）東北楽天は敗戦しました」のように、敗戦するという動詞は、主にスポーツの試合などに使われる表現ではないでしょうか。試合やゲームには、勝つこともあれば、敗れることもある。「敗戦する」には、何度か繰り返される勝負事に敗れるというニュアンスがあります。一方「敗北する」には、より決定的に敗れたという重みがあります。安倍首相は「敗北しました」という通常の表現を意識的に避けて、「敗戦しました」という軽い表現に逃げたのではないでしょうか。

(三)「である価値」と「する価値」

丸山眞男(一九六一)は「である「論理」・である「価値」」と「する「論理」・する「価値」」とを対比しました。であるという「自然」と、するという「作為」の対比は、『日本政治思想史研究』(丸山眞男 一九五二)以来、丸山眞男の基本的な問題意識でした。

上述の『雪国』、天皇の「おことば」、「終戦七〇年首相談話」の日本語原文はいずれも、「である価値」「である論理」を端的に示しているように思われます。それは「する論理」のトーンが目立つ英訳文と対比してみると、一層際立ちます。日本社会の「である論理」は、言語の構造にも規定されて、現在もなお強固に続いています。

1 I(アイ)中心の英語と日本語における状況の中の自己

英語は、自他を絶対的に峻別し、徹底してI中心です。これに対して、日本語の人称は、状況によって、柔軟に変化します。

「ぼく、いくつ? おじちゃん、山形だよ」

これを英語で表現すれば、

"How old are you? I came from Yamagata."

となります。日本語では、状況の中の自己、状況に規定された自己という発想が強いのです。これに対して、英語では、Ｉの視点は不動です。日本語の名刺では、次のように表現します。

「宮城県仙台市青葉区川内二七—一

東北大学大学院文学研究科社会学研究室

教授　長谷川　公一」

これに対して、英語のビジネス・カードでは、次のようになります。

Professor, Koichi Hasegawa

Department of Sociology,

Graduate School of Arts and Letters,
Tohoku University
27-1, Kawauchi, Aoba-ku, Sendai, Miyagi, Japan

日本語では、日本国↓宮城県↓仙台市↓青葉区↓地番↓所属大学↓所属研究科↓所属研究室↓職位↓姓↓名という順序になっています。より大きな状況の中の部分としての私という順序で記述が進んでいます。これに対して、英語の方は、まったく逆に、職位↓名↓姓↓所属研究室↓所属研究科↓所属大学↓地番青葉区↓仙台市↓宮城県↓日本国と進んで行きます。I中心の記述が名刺や住所の表示にも徹底しているのです。

状況の中の自己という把握の仕方、世界観は、状態の変化の記述、「である価値」、「である論理」という表現スタイルと対応しています。

I中心の把握の仕方、世界観のもとでは、当然に、自己とは何者か、自分は何をするのか、何をすべきか、自己の主体性の発露として、「する価値」から、世界は認識されることになります。主体性の発露という視点は責任の意識と結びつきますが、「である価値」の視点からは、状況に規定された、「やむをえざる」事象の展開として物事は把握されがちです。

2　「無責任の体系」と福島原発事故

「然るに我が国の場合は、これだけの大戦争を起しながら、我こそ戦争を起こしたという意識がこれまでの所、どこにも見当たらないのである。何となく何物かに押されつつ、ずるずると国を挙げて戦争の渦中に突入したというこの驚くべき事態は何を意味するのか。」（傍点は原文）

これは、丸山眞男が敗戦直後の一九四六年に発表した「超国家主義の論理と心理」の一節です（丸山眞男　一九四六）。福島原発事故について講演を依頼されるたびに私はこの一節を紹介しています。「戦争」を「原発事故」と置き換えてもこの一節はそのまま通用しますね、と聴衆に問題提起していますが、聴衆の多くがうなずかれます。

福島原発事故から日本社会が何を学んだのか、何を学ぶのかが世界的に問われています（長谷川公一　二〇一七）。「想定外」の事故だった、やむを得ざる自然災害だったという見方は、「無責任の体系」的なとらえ方です。福島原発事故に関して、誰にどういう責任があるのかが問われねばなりません。しかしながら、驚くべきことに、東京電力の当時の経営陣を含めて、誰ひとりとして、福島原発事故の責任を正式に取って辞職した者はいません。

あれだけの大事故を引き起こしながら、責任が問われないという社会のあり方を、私たちは直視し、反省する必要があります。

日本社会の秩序原理やコードを意識化し、可視化させながら、その長所と弱点を私たちは自覚する必要があります。

注

1 「三省堂辞書を編む人が選ぶ今年の新語二〇一七」(http://dictionary.sanseidopubl.co.jp/topic/shingo2017/2017/Preference02.html（二〇一七年一二月二〇日閲覧）)。

2 「忖度は『英語』でどう通訳された」ハフィントン・ポスト（二〇一七年三月二五日付）(http://www.huffingtonpost.jp/2017/03/23/moritomo-sontaku-in-english_n_15572790.html(二〇一七年一二月二〇日閲覧))

3 社会秩序の成立を社会学ではどのように説明するのか、筆者の見解は長谷川公一（二〇〇七）を参照。

4 「象徴としてのお務めについての天皇陛下のおことば」(http://www.kunaicho.go.jp/page/okotoba/detail/12（二〇一七年一二月二〇日閲覧）)。宮内庁による英訳文は、Message from His Majesty The Emperor, August 8, 2016 (http://www.kunaicho.go.jp/page/okotoba/detailEn/12#41（二〇一七年一二月二〇日閲覧）)

5 「平成二七年八月一四日　内閣総理大臣談話」(https://www.kantei.go.jp/jp/97_abe/discource/20150814danwa.html（二〇一七年一二月二〇日閲覧）)。英文は、Statement by Prime Minister Shinzo Abe, Friday,

August 14, 2015
https://japan.kantei.go.jp/97_abe/statement/201508/0814statement.html（二〇一七年一二月二〇日閲覧））。ほかに中国語版、韓国語版が公開されている。

文献

加藤周一（一九七九［一九五五］）「日本文化の雑種性」『加藤周一著作集七　近代日本の文明史的地位』平凡社。

加藤周一（一九五八）「日本的なものの概念について」

加藤周一（一九七五）『日本文学史序説　上』筑摩書房。

川端康成（一九四八［一九三七］）『雪国』新潮社（文庫）（= E.G. Seidensticker, *Snow Country*, 1956, Knopf）。

共同通信社編（二〇一六）『記者ハンドブック　新聞用字用語集』第一三版、共同通信社。

金成隆一（二〇一七）『ルポトランプ王国——もう一つのアメリカを行く』岩波書店。

熊倉功夫（一九九九）『文化としてのマナー』岩波書店。

厚生労働省（二〇〇五）「平成一七年度　出生に関する統計の概況」

日本社会学会（二〇〇五）「日本社会学会倫理綱領」（http://www.gakkai.ne.jp/jss/about/ethicalcodes.php（二〇

一七年一二月二〇日閲覧)。

日本社会学会(二〇一六)「日本社会学会倫理綱領にもとづく研究指針」http://www.gakkai.ne.jp/jss/about/researchpolicy.php(二〇一七年一二月二〇日閲覧)。

長谷川公一(二〇一一)『脱原子力社会へ——電力をグリーン化する』岩波書店。

長谷川公一(二〇一七)「福島原発震災から何を学ぶのか」長谷川公一・山本薫子編『原発震災と避難——原子力政策の転換は可能か』有斐閣、二四五—二七四頁。

ブロック・ジュリー・P(二〇〇四)「加藤周一と日本文化雑種性の問題」福岡ユネスコ協会編『日本を問い続けて——加藤周一、ロナルド・ドーアの世界』岩波書店。

ベネディクト・ルース(二〇〇五[一九四六])『菊と刀——日本文化の型』(長谷川松治訳)講談社。

ホール・エドワード・T(一九九三[一九七六])『文化を超えて』(岩田慶治・谷泰訳)阪急コミュニケーションズ。

丸山眞男(一九六四[一九四六])「超国家主義の論理と心理」『現代政治の思想と行動 増補版』未来社、一一—二八頁。

丸山眞男(一九六四[一九五二])「軍国支配者の精神形態」『現代政治の思想と行動 増補版』未来社、八八—一三〇頁。

丸山眞男(一九六一)『日本の思想』岩波書店。

執筆者紹介

山　田　仁　史（やまだ・ひとし）
東北大学大学院文学研究科／宗教学

佐　藤　弘　夫（さとう・ひろお）
東北大学大学院文学研究科／日本思想史

後　藤　　　斉（ごとう・ひとし）
東北大学大学院文学研究科／言語学

阿　部　恒　之（あべ・つねゆき）
東北大学大学院文学研究科／心理学

長谷川　公　一（はせがわ・こういち）
東北大学大学院文学研究科／社会学

人文社会科学講演シリーズX

ハイブリッドな文化

Hybrid Culture

Lecture Series in Humanities and Social Sciences X

©Lecture and Publication Planning Committee
in Graduate School of Arts and Letters
at Tohoku University 2019

2019年3月1日　初版第1刷発行

編　者／東北大学大学院文学研究科
講演・出版企画委員会

発行者／久　道　　茂

発行所／東北大学出版会
〒980-8577　仙台市青葉区片平2-1-1
TEL : 022-214-2777　FAX : 022-214-2778
https://www.tups.jp　E.mail info@tups.jp

印　刷／カガワ印刷株式会社
〒980-0821　仙台市青葉区春日町1-11
TEL : 022-262-5551

ISBN 978-4-86163-322-5　C1020

定価はカバーに表示してあります。
乱丁、落丁はおとりかえします。

JCOPY 〈出版者著作権管理機構 委託出版物〉

本書（誌）の無断複製は著作権法上での例外を除き禁じられています。複製される場合は、そのつど事前に、出版者著作権管理機構（電話 03-3513-6969、FAX 03-3513-6979、e-mail: info@jcopy.or.jp）の許諾を得てください。

読者の皆様へ

大学の最も重要な責務が教育と研究にあることは言うまでもありません。しかし、その研究から得られた成果を広く一般に公開し、共有の知的財産とすることも、それに劣らず重要なことのように思われます。このような観点から、東北大学大学院文学研究科では、従来よりさまざまな講演会を開催し、教員の日々の研究の中から得られた新たな知見を中心として、一般の方々に興味を抱いていただけるような種々の研究成果を広く公開して参りました。幸いなことに、私どものこのような姿勢は、多くの方々に支持を得てきたところです。この度創刊する人文社会科学講演シリーズは、本研究科による研究成果の社会的還元事業の一環として企画されたものです。本シリーズを通して、講演を聴講された方々はあの時あの場の感動を追体験していただけるでしょうし、聴講の機会を得られなかった方々には、新たな知見や興味ある研究成果に触れていただけるものと思います。本シリーズが、そのような役割を果たすことができたならば、私どもの喜びこれに過ぐるものはありません。読者の皆様のご支援を心よりお願い申し上げます。

2006 年 3 月　東北大学大学院文学研究科出版企画委員会

東北大学出版会

東北大学大学院文学研究科・文学部の本

人文社会科学講演シリーズⅠ
東北―その歴史と文化を探る
花登正宏編　四六版　定価（本体 1,500 円＋税）

人文社会科学講演シリーズⅡ
食に見る世界の文化
千葉眞一編　四六版　定価（本体 1,714 円＋税）

人文社会科学講演シリーズⅢ
ことばの世界とその魅力
阿子島香編　四六版　定価（本体 1,700 円＋税）

人文社会科学講演シリーズⅣ
東北人の自画像
三浦秀一編　四六版　定価（本体 1,500 円＋税）

人文社会科学講演シリーズⅤ
生と死への問い
正村俊之編　四六版　定価（本体 2,000 円＋税）

人文社会科学講演シリーズⅥ
男と女の文化史
東北大学大学院文学研究科出版企画委員会編　四六版　定価（本体2,200円＋税）

人文社会科学講演シリーズⅦ
「地域」再考―復興の可能性を求めて
東北大学大学院文学研究科出版企画委員会編　四六版　定価（本体2,200円＋税）

人文社会科学講演シリーズⅧ
文化理解のキーワード
東北大学大学院文学研究科出版企画委員会編　四六版　定価（本体2,200円＋税）

人文社会科学講演シリーズⅨ
わたしの日本《ニッポン》学び
東北大学大学院文学研究科　講演・出版企画委員会編
四六版　定価（本体 2,200 円＋税）

人文社会科学講演シリーズⅩ
ハイブリッドな文化
東北大学大学院文学研究科　講演・出版企画委員会編
四六版　定価（本体 2,200 円＋税）

人文社会科学ライブラリー第 1 巻
謝罪の研究―釈明の心理とはたらき
大渕憲一著　四六版　定価（本体 1,700 円＋税）

人文社会科学ライブラリー第 2 巻
竹を吹く人々―描かれた尺八奏者の歴史と系譜―
泉武夫著　四六版　定価（本体 2,000 円＋税）

人文社会科学ライブラリー第 3 巻
台湾社会の形成と変容～二元・二層構造から多元・多層構造～
沼崎一郎著　四六版　定価（本体 2,000 円＋税）

人文社会科学ライブラリー第 4 巻
言葉に心の声を聞く―印欧語・ソシュール・主観性
阿部宏著　四六版　定価（本体 2,000 円＋税）